培养孩子好好长大

孙静◎主编

中国纺织出版社有限公司

内 容 提 要

本书从孩子的学习习惯、品质品德、生活习惯、学校表现、家庭表现和理想目标等方面入手，聚焦于孩子成长过程中夸赞的关键作用，阐述了夸赞如何激发孩子的内在动力，增强他们的自信心与自尊心，进而促进其全面发展。通过丰富的生活案例和妙趣横生的漫画驿站，家长将学会如何用真挚的情感、恰当的方式赞美孩子，无论是他们微小的进步，还是日常生活中的闪光点，都能成为夸奖的理由。这种积极的反馈如同温暖的阳光，不断滋养着孩子的心灵，让他们在爱与肯定中茁壮成长，最终将展现出独特的魅力和才华。

图书在版编目（CIP）数据

好孩子是夸出来的 / 孙静主编. -- 北京 : 中国纺织出版社有限公司, 2025. 3. --（培养孩子好好长大）.
ISBN 978-7-5229-2585-1

Ⅰ. G78

中国国家版本馆 CIP 数据核字第 2025M5F373 号

责任编辑：闫 婷　　责任校对：王花妮　　责任印制：王艳丽

中国纺织出版社有限公司出版发行
地址：北京市朝阳区百子湾东里 A407 号楼　邮政编码：100124
销售电话：010—67004422　传真：010—87155801
http://www.c-textilep.com
中国纺织出版社天猫旗舰店
官方微博 http://weibo.com/2119887771
湖北嘉仑文化发展有限公司印刷　各地新华书店经销
2025 年 3 月第 1 版第 1 次印刷
开本：710×1000　1/16　印张：8
字数：65 千字　定价：39.80 元

前言

常言道："好孩子是夸出来的，不是骂出来的。"这里的"夸"是表扬、鼓励的意思。如果将"夸"用在自己孩子的教育上，那么将会培养出拥有好习惯和良好品质的孩子，同时还可以助力孩子成为更优秀的自己。

孩子表现好的时候需要表扬，表现不好的时候更需要父母的鼓励。当孩子犯错、悲观、胆怯或想要逃避困难的时候，父母正确的鼓励能够让孩子感受到爱与信任，从而会更加勇敢、自信地去面对困难与挑战。其实，表扬并不是一句简单的"你真棒"或"真聪明"，而是有针对性地去鼓励、赏识孩子，给孩子自尊和成就感。

夸奖，能够让孩子感受到自己的努力或成绩得到了认可与重视，从而增强他们的自信心。在不断的夸奖中，孩子会变得越来越自信，而自信的孩子才有勇气去面对各种困难与挑战，才有底气去追寻自己的人生梦想。

当孩子有新奇的想法时，父母不妨夸夸他们的创造力；当孩子面对挑战不退缩时，父母不妨夸夸他们的勇气……用夸奖和鼓励给予孩子正面反馈，这是在给孩子的行为赋予积极的意义，能够不断地提高孩子积极的自我认知，进而激发他们的内驱力。

每个孩子都有着巨大的潜力，只要父母用心夸奖，孩子们一定会成为最好的自己。正确、恰当地夸奖，是一种积极的教育策略。这需要父母用心观察，发掘孩子身上的亮点，并用恰当的语言加以肯定。好的赏识与鼓励，在帮助孩子增强自信的同时也有利于孩子建立良好的品格，引导孩子树立正确的人生观和价值观。

本书从学习、品德、生活、学校、家庭、理想等方面入手，全方位地阐释了正确夸奖孩子的方法以及策略，既具有深入浅出的生活案例分析，还有妙趣横生的漫画驿站及听听孩子的心里话，能够有效帮助父母正确夸奖孩子，以激发孩子的内驱力，从而变得越来越优秀！

编者
2024 年 12 月

目录

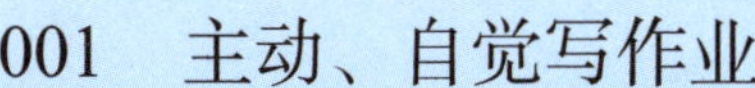

第一章 学习习惯

第二章

品质品德

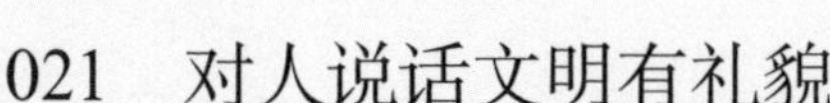

第三章

生活习惯

第四章

学校表现

第五章

家庭表现

第六章

理想目标

第一章 学习习惯

主动、自觉写作业

“丁零零……”下午放学的铃响了，大家像小鸟一样“飞”出了教室。瞧，琦琦满脸笑容，边走边唱，因为今天在学校，老师表扬了她的作业完成得最好。

刚一回到家，琦琦便将书包放在书桌上，正准备去找小伙伴们玩耍，却突然想起了今天下午放学时老师们布置的各项作业。

于是，琦琦心不甘情不愿地回到书桌前，打开书包，拿出各项作业本、铅笔和橡皮。看着作业本上的一道道题目，她开始有些犯愁，心想：今天这么多作业，什么时候才能写完呢？妈妈说过，只有先把作业写完了才能去找小伙伴玩耍，而且作业本上的这些题目看起来并不简单，需要经过认真思考才能解答出来。

这时，妈妈回来了，当妈妈得知琦琦是因为写作业而犯愁时，妈妈语重心长地对琦琦说：“宝贝，要知道写作业可不是帮老师和父母写，是在帮自己写哦！如果你能够每天放学后自觉地完成作业，那就说明你是一个有责任心、有担当的孩子，妈妈会为你感到自豪的。”

听完妈妈的话，琦琦拿起铅笔开始一笔一画地认真写作业。尽管琪琪在写作业的过程中遇到了不少难题，但是琪琪都没有中途放弃，而是坚持认真地、耐心地一一作答。

时间一点一点地过去了，琪琪渐渐沉浸在写作业的过程中。琪琪突然发现，当自己专注地思考问题或寻找答案时，时间过得特别快。不知不觉间，她已经写完了好几页作业，于是她伸了一个大大的懒腰，哎呀，真舒服呀！

当琪琪终于写完了全部的作业时，她感到一阵前所未有的轻松与满足。虽然写作业的过程是有些辛苦，但是当她看到自己的作业成果时，琪琪顿时觉得所有的努力都是值得的。于是，琪琪暗暗下定决心：以后每天放学回家都要先自觉完成作业！

阅读感悟

一开始，琪琪因为想和小伙伴玩耍而不想写作业，妈妈得知原委后告诉琪琪自觉写作业的必要性。文中的妈妈并没有直接对琪琪进行批评、责骂，而是告诉琪琪作为学生的义务必须尽到，自觉、主动写作业是有责任、有担当的直接体现，从而让琪琪意识到自觉写作业的重要性。

夸奖孩子自觉写作业

洋洋觉得老师每天布置的作业太多了，一点也不想写。放学回到家后，他看了一会儿电视，吃完晚饭后便开始玩玩具。

太搞笑了！

吃完饭后，你赶紧去写作业。

你的作业写了吗？

还早呢，我先看一会电视再写。

不着急。

你的作业打算什么时候写？

我玩一会就去写。

爸爸从来不担心你写作业的事，因为你很自觉。

妈妈以后把写作业的时间交给你自己决定，希望你能够学会自我管理。

真棒！

孩子不愿意写作业，与他们的生理和心理的发展有关。孩子的注意力、自控力等仍处在发展阶段，这让他们很难长时间地集中精力完成某项任务。

作为父母，如果在让孩子写作业时，总是表现出过度的焦虑和缺乏耐心，孩子可能会对写作业产生抵触情绪。这可能并不是因为孩子本身不想写作业，只是因为他们厌烦父母的催促，并以拖延来表达自己的反抗而已。

如果想要克服孩子不愿意写作业的问题，父母就要及时给予孩子积极的反馈和鼓励，以增强他们学习的动力。当孩子写作业的态度或完成作业的情况有所进步时，父母的夸奖和表扬会让他们感受到自己的价值，从而更愿意投入学习当中。

听听孩子的心里话

每天放学后，当你回到家自觉写作业时，你希望爸爸妈妈对你说些什么呢？（　　）

①哇，宝贝主动完成了作业，太自律了！

②点名表扬我的大宝贝，自觉完成了作业，我的宝贝真棒！

③你已经是大孩子了，能自己决定写作业的时间，爸爸妈妈很放心。

④每天都能按约定的时间去写作业，你对于学习真的很认真。

书写做到规范、工整

军军是班里鼎鼎大名的“书法迷”，写的毛笔字让人看了忍不住啧啧称赞。但是军军以前写的字，不仅老师认不清，有时候连他自己也认不清。因为书写潦草，军军不知挨了多少次批评，考试的时候也经常因为书写不规范、不工整而被扣分。

一天下午，军军写完作业后整理书架，发现了妈妈曾经练过的书法字帖，只见那一个个字都端端正正，十分工整、美观，军军心里十分羡慕，于是决定自己也要学书法。晚上军军对妈妈说了自己想要学书法，妈妈听了后十分高兴，并对军军说：“宝贝，学习书法可不能三天打鱼，两天晒网哦，刚开始可能十分枯燥，但是只要你肯坚持下来，妈妈相信你一定能写得一手好字。”军军连连点头表示答应。

第二天，妈妈特地给军军买回了毛笔、墨汁、纸和字帖。要知道练书法可不是一件容易的事，首先要学会写字的正确姿势，掌握每个字的间架结构，看懂字体在田字格里的占位情况，然后再一笔一画地写出笔锋。俗话说“万事开头难”，这话一点儿不假。刚开始练的时候，军军的手抖得十分厉害，于是妈妈手把手地教他。有时候，一个字写了几遍还是写不好，军军就生气地将毛笔扔出去好远。

每当这时，妈妈总是鼓励军军：“宝贝，做任何事情都要有耐心。练书法不是一蹴而就的，需要反复练习，三年甚至五年，只要你能坚持下去，妈妈相信你一定能写好。”妈妈还给军军讲了古人写字勤学苦练的故事，以增加军军的信心。

慢慢地，军军的字越写越好，学校里的老师常常夸奖军军书写进步大，而且军军还在学校举办的书法比赛中获了奖。终于，功夫不负有心人，通过勤学苦练，军军的字得到了大家的一致好评，就连老师都说：“军军，你的卷面分每次都是满分，真是令人佩服呀！”

阅读感悟

军军从妈妈曾经写的毛笔字中受到启发，于是决定练习书法，妈妈得知后给了军军信心，并且还手把手地教他写字。练习的过程中，军军觉得太难了，想过放弃，但是妈妈一直都鼓励他，让他找回自信，最终军军能够写得一手好字，做到卷面整洁，并且还在学校的书法比赛中获了奖。

书写规范、工整值得夸

浩浩的作业本上一眼望去全是潦草的字迹，仿佛每个字都是随便画了几下，仔细看看又好像是完整的字。

宝贝，吃点苹果吧！

谢谢妈妈！

宝贝，这个是什么字？

欸？我也不认得了。

你写的字你自己都不认识？那老师怎么会认识呢？

老师应该能认识吧？不然怎么知道我写的对错呢。

宝贝，谁都不是天生就能写好字的，慢慢来，妈妈相信你一定可以写好的。

妈妈特别喜欢看你写字的样子，你认真的样子真可爱，加油宝贝，未来可期！

孩子字迹潦草，书写不认真的原因有多种。例如，有的孩子控笔能力较弱，他们想要认真写好，但是始终无法做到老师要求的横平竖直，也跟不上学校的进度，就会逐渐丧失信心，最后索性也不好好写了；还有的孩子在书法班里可能写得很好，但是到了学校和家里就写得潦草，这就说明他们不是不能写好字，只是因为追求速度而忽视了质量。

如果父母因为孩子作业的字迹过于潦草而对他们发火，甚至做出将孩子的作业撕掉这样的过激行为，孩子反而会越发反感写字这件事。因此，父母在辅导孩子写字时，要能及时发现孩子的进步和优点，给予孩子正面的夸奖和鼓励。这样既可以增强孩子的自信心，还能激发他们写好字的积极性。

听听孩子的心里话

因为字写得不好，妈妈让你加入了学校的书法社团，学了一段时间后，你不想继续学了。这时，妈妈对你说了下面的这些话，哪些能让你想继续学习呢？（ ）

①只要你继续坚持下去，妈妈相信你一定能写一手好字。

②妈妈看到了你的努力和进步，知道你有非常大的提升潜力。

③你的字写得这么潦草，不好好练字怎么行呢？

④宝贝真有悟性，字写得这么好看，以后都可以做字帖了。

写作业不再磨蹭、拖拉

在圆圆的世界里，作业就像一个甩不掉的“小尾巴”，不过呢，她最近可是成功地把这个“小尾巴”收拾得服服帖帖的，每天都能按时完成作业了。

以前，圆圆可没少和作业“打仗”，而且还总是“输”得一塌糊涂。因为圆圆就像一个超级“拖延大侠”，作业摆在眼前，她心里却想着：“时间还早呢，先玩一会儿再说吧。”于是，她一会儿翻翻漫画书，一会儿又玩玩具。结果呢，等到晚上要睡觉了，她的作业都没写几个字，然后……为此，圆圆不知道挨了老师多少批评。

妈妈见圆圆老是不能按时完成作业，便找圆圆谈心，想知道她为什么总是不能按时完成作业。圆圆告诉妈妈：“我不是不想按时完成作业，只是我不能长时间专注于写作业，而且写作业时间长了手也酸痛，加上老师也是天天批评我，我就越发不想写了……”

听了圆圆的心声，妈妈知道问题出在了哪儿。妈妈微笑地对圆圆说：“宝贝，妈妈相信你是可以按时完成作业的。你现在年龄还小，不能长时间专注于写作业是正常的。以后如果你写作业时手腕感觉酸痛，你可以适当休息几分钟，放松一下手腕。其实，老师批评你，换一种角度看正是老师在鞭策你呢，老师希望你能改掉不能按时完成作业的坏习惯。”

听了妈妈的话，圆圆似乎明白了什么，反问道：“妈妈，我真的可以做到按时完成作业吗？”妈妈笑着点点头，说：“是的，妈妈相信你可以的。”说完，妈妈又指导圆圆给自己制订了一个按时完成作业的计划表，并让她按计划认真执行就可以了。

现在，圆圆每天都能按时完成作业，就连老师也表扬圆圆在完成作业方面有很大的进步，圆圆心里乐滋滋的，越发有动力每天按时完成作业了。

阅读感悟

圆圆跟大多数孩子一样，写作业时总是磨磨蹭蹭的，老是不能在规定时间内完成，因此常常被老师点名批评。妈妈没有直接批评、责骂圆圆，而是通过跟圆圆谈心找出了问题的根源，并给予圆圆正面的鼓励和引导，最终帮助圆圆做到了每天能够按时完成作业。

夸奖孩子按时完成作业

熙熙好不容易坐下来开始写作业，还没写几个字，就开始抠橡皮、转铅笔，然后是喝水、上厕所。这时，爸爸走进了书房……

其实孩子写作业磨蹭、拖拉，不仅同他们的专注力有关，还同他们的生理发育情况有关，他们的神经系统发育不成熟，一个微小的刺激就可能引起大脑的过度兴奋，时常无法控制地做些小动作，在写作业上的表现就是注意力不集中，容易走神。

有些父母在发现孩子写作业走神时，便不假思索地批评孩子："下次再这样，看我怎么收拾你。"这样的教育方式，不仅不能解决孩子的问题，还可能会增加他们的心理压力，让其对写作业这件事产生抵触和排斥。

写作业归根结底是孩子自己的事，当他们能够主动按时完成作业，并且把写作业当成一种习惯的时候，他们就能自觉地去完成，同时养成自主学习的习惯，而不需要父母再为其操心了。

听听孩子的心里话

每天写作业，你都是按照老师规定的时间保质保量完成。因此，妈妈经常这样夸奖你：（   ）

①今天你主动按时完成作业，没有让妈妈催，妈妈为你点赞！

②宝贝，你没有在写作业时开小差，非常值得妈妈表扬！

③妈妈觉得你写作业时特别专注，值得表扬！

④今天作业这么多，你用两个多小时就写完了，学习效率越来越高了。

坚持主动阅读课外书

放暑假了，橙橙的表哥来橙橙家玩，表哥问橙橙："你知道匹诺曹吗？"橙橙一脸疑惑，反问道："匹诺曹是谁？"表哥说："本来我还想跟你玩个木偶奇遇记的游戏呢！你连'匹诺曹'都不知道，那看来咱们也玩不了了。"橙橙一听说要玩游戏，兴趣就来了，追着表哥问："那你告诉我嘛，我不会，你可以教我呀！"表哥回了一句："你先去看看《木偶奇遇记》吧，等你看完了咱们再玩。"

没办法，橙橙只能来到书房，他在摆满琳琅满目的书籍的书柜上找了半天，终于找到了表哥所说的《木偶奇遇记》。橙橙翻开书，才知道"匹诺曹"是这本书的主人公的名字，橙橙顿时明白了表哥的意思。橙橙坐在书桌前，开始阅读起来，刚读了十几页，橙橙就不想读了，说故事太长了。爸爸见状，便对橙橙说："宝贝，这个童话故事真的很精彩哦！如果你能耐心看完它，我相信你一定会大有所获的。"橙橙听爸爸这么一说，便有点好奇故事的结局了。于是，橙橙硬着头皮继续读，读着读着，橙橙竟然被书中精彩的故事情节给吸引了，甚至连喝水和上厕所都眼不离书。

爸爸见橙橙看得这么着迷，打趣地问："宝贝，你现在是不是把自己当成了‘匹诺曹’呀？”橙橙眉飞色舞地说：“是的，爸爸，我就是‘匹诺曹’。”爸爸继续说：“阅读可以增长智慧，拓展眼界。如果你能够长期坚持阅读，那你以后就会成为知识丰富的人。”

橙橙若有所思地对爸爸说：“爸爸，我觉得书中的故事真是太精彩了，我非常喜欢‘匹诺曹’，我要像‘匹诺曹’一样，努力改正自己的缺点，做一个人人夸奖的好孩子。”爸爸听了，大吃一惊，没想到橙橙的阅读收获这么大。

橙橙看完《木偶奇遇记》后，便和表哥一起玩了游戏。橙橙对表哥说：“以后我要向你学习，坚持阅读课外书，用知识来填充我这个大大的‘脑袋’。”表哥听了，忍不住哈哈大笑起来。

阅读感悟

橙橙在表哥的推荐下认识了“匹诺曹”，在阅读《木偶奇遇记》的过程中，橙橙打过退堂鼓，想要放弃，但在爸爸的鼓励和肯定下，橙橙坚持看完了全书，知晓了“匹诺曹”的成长经历，并使自己得到了启发，做一个人人夸奖的好孩子。

养成阅读好习惯

放暑假了，爸爸根据语文老师的推荐，给辉辉买了几本课外书。可是辉辉想看球赛不想看书，于是爸爸对他说……

宝贝，这是爸爸送给你的假期礼物。

谢谢，可是我一点儿也不想看。

这是语文老师推荐你们暑假要看的，所以我特地买了送给你。

书有什么好看的，球赛可比书精彩多了。

看你的识字能力我就知道，你在阅读方面真的很有潜力哦！

那是当然了！阅读能让我认识很多生字呢！

书里面是不是有特别吸引你的东西呢？不然你不会这么感兴趣的。

书里面的内容很精彩，常常让我看得舍不得停下来。

咱们一起阅读吧？

好呀！

宝贝，你读书真的很认真，这种认真和专注让妈妈感到自豪。

有些父母想要培养孩子的阅读习惯，往往带着很大的功利性。他们将书视为给孩子灌输知识的工具，想要通过阅读提升孩子的学习成绩。还有的父母从一开始就想让孩子阅读名著，但有些名著的内容往往晦涩难懂，而孩子的理解能力有限，读起来非常困难。这就容易打击孩子的自信心，不利于他们对阅读产生兴趣。

兴趣可以激发孩子的内在驱动力，为了兴趣而阅读的孩子，更容易培养阅读的习惯。所以，哪怕孩子一开始只是完成学校的阅读任务，或者只对绘本表现出兴趣，父母也要及时给予他们鼓励与支持，让孩子感受到阅读的快乐。

听听孩子的心里话

假期到了，老师布置了同步课外阅读任务，你将要读的书从学校图书馆借出后就开始认真阅读，在你阅读的过程中，你希望父母怎么夸你呢？（　）

①宝贝，你不需要妈妈督促就自己开始读书了，妈妈太惊喜了。

②宝贝，你和书本一定是好朋友吧，要不你怎么会经常看书？

③宝贝，你的阅读能力进步很大，看书越来越认真了，妈妈很欣慰。

④宝贝，你能够坚持阅读，这种毅力和恒心是很难得的品质，真的非常值得称赞。

学会独立思考问题

放学后，可可一个人在房间里写作业，突然被一道数学题难住了。可可心想：这道题数学老师根本没讲过，我怎么会呢？

于是，可可朝妈妈大声喊道："妈妈，我有一道数学题不会做，您来教教我吧！"妈妈听见后说："宝贝，你动脑筋想过了吗？"可可回答："我不想动脑，反正我也想不出来的。"这时，妈妈走进了房间，她拿起可可的作业本看了看，发现这道数学题根本就不难。

为了让可可自己开动脑筋思考问题，妈妈想了想后对可可说："宝贝，这道数学题妈妈也不会，你能不能先动脑思考出来，然后给妈妈讲一讲呢？给妈妈当一回小'老师'呢？"听妈妈这么一说，可可心想：我给妈妈当小"老师"，给妈妈讲数学题，这多威风呀！于是可可答应了妈妈的提议。

可可静下心来，认真地思考着，回想课堂上数学老师讲过的知识，想了半天，但还是想不出来。妈妈看出了可可的困惑，便对她说："宝贝，妈妈相信你一定可以思考出来的。你好好想一想，这道数学题是不是需要运用结合律呢？"可可被妈妈这么一提醒，顿时茅塞顿开，大声说："啊！我知道怎么做了。"接着，可可三下五除二就算出来了，可可高兴极了。

可可模仿学校数学老师上课的样子，给妈妈讲起题目来，妈妈听得十分认真，这让可可觉得当小“老师”的感觉真棒！可可讲完后，还不忘问妈妈听懂了没有。

妈妈告诉可可：“宝贝，你讲得很仔细，妈妈完全听懂了。如果你愿意一直当妈妈的小‘老师’，妈妈一定虚心求学。前提就是你要先自己独立思考，想出解题思路和方法，然后讲给妈妈听，好吗？”可可连连说：“好的，妈妈，我愿意，以后我一定自己独立思考，争取当一个‘问不倒’老师。”

阅读感悟

可可写作业，总是不愿意自己独立思考，不会就喊妈妈，还认为自己想不出来。妈妈没有直接批评可可，而是采取了引导和鼓励的方法，让可可给自己当“老师”，进而激发可可的学习兴趣，最终让可可感受到了独立思考的乐趣，变得愿意独立思考问题了。

独立思考好好夸

君君上三年级了，妈妈决定放手让她自己完成作业。谁料，妈妈还没走开就听到君君喊：“妈妈，这个字我不会写！”妈妈说：“自己查字典。”刚过一会儿，又听她喊：“妈妈，这道题我不会算。”

有些孩子没有养成独立思考的习惯，写作业时遇到一点问题就喊父母，而不是自己独立思考，想办法解决。孩子遇到困难向父母求助，这是他们的本能。

但是，父母在孩子遇到麻烦时的随叫随到，如果没有限度，很容易让孩子养成依赖父母、不会独立思考的习惯。有的父母为了不让孩子频繁地喊自己，会给孩子立一个条约，上面明确规定遇见哪些问题时不能喊自己，然后还会告诉孩子：“请严格按照上面说的去做。”但这可能让孩子的作业质量难以得到保证。

作为父母，可以通过夸奖与鼓励的方式，让孩子从独立思考中体会到被人认可的成就感。这种成就感会让孩子有足够的动力去思考和挑战。

听听孩子的心里话

每天写作业，你都是独立自主地保质保量完成，如果父母想表扬你，你希望他们怎么夸你呢？（ ）

①瞧，宝贝多聪明呀，这么难的题目你都自己想出来了。

②你真聪明，不仅掌握了知识，而且能够运用新方法，真了不起！

③你能独立自主地完成作业，这一点特别难得，爸爸妈妈为你感到骄傲。

④希望你能一直拥有这种独立思考问题的精神。

对人说话文明有礼貌

甜甜是一个长相甜美的女孩子，但是性格却大大咧咧的，而且同他人说话时不太文明有礼。妈妈为此十分伤脑筋，经常苦口婆心地教导她说话要文明有礼，和别人说话要有礼貌，做个文明有礼的好孩子。

一个周末，妈妈要加班，于是带着甜甜一起去办公室。在去办公室的路上，妈妈就叮嘱甜甜，见到人要主动打招呼，说话要有礼貌，不要随口说脏话。听了妈妈的话，甜甜心想："今天我一定要好好表现，见到叔叔阿姨打招呼时一定要文明有礼貌，不能再让妈妈失望了。"

到了妈妈的办公室后，甜甜对着镜子练习了几遍同他人打招呼的场景。就在这时，一位阿姨来找妈妈借东西，恰巧妈妈去了卫生间，于是甜甜鼓起勇气，对阿姨说："阿姨好！我妈妈去卫生间了，她马上就回来了，您坐一下，稍等一会。"说完，甜甜的心怦怦直跳。那位阿姨听了甜甜的话后，直夸甜甜懂礼貌。

过了一会儿，妈妈回来了，那位阿姨还不忘对甜甜的妈妈说："你家女儿真有礼貌，刚刚还主动跟我'问好'呢。"妈妈听了，高兴极了，忍不住向甜甜投来赞许的目光。甜甜听到阿姨夸奖自己，心里乐开了花。

晚上，甜甜和妈妈回到家，妈妈告诉了爸爸甜甜白天在办公室的表现，爸爸夸奖道："宝贝，你今天做得很好，同阿姨聊天文明有礼，没有像之前那样脱口而出说脏话。以后一定要保持下去哦！"甜甜大声地说："好的，爸爸，我以后一定要做个讲文明、懂礼貌的好孩子。"

阅读感悟

一旦孩子说话不文明，父母就感觉非常没面子。甜甜的妈妈就是如此，所以在妈妈的一再叮嘱下，甜甜跟妈妈的同事打招呼时说话很有礼貌，这让甜甜得到了阿姨和父母的夸奖。当甜甜在表扬中获得了成就感，她就决定以后要做一个讲文明、懂礼貌的好孩子。

不说脏话，文明懂礼

可可正在客厅玩玩具，吃饭前妈妈让可可去洗手，可可不肯去，还大声说：“臭妈妈，讨厌你！”

宝贝，马上开饭了，你快去洗手。

宝贝，你怎么还没去洗手呢，要吃饭了。

臭妈妈，讨厌你！

宝贝怎么学会说脏话了？

你生气了吗？

我要玩玩具，我现在不想吃饭。

宝贝，昨天老师还跟我表扬了你，说你在学校对老师和同学都很有礼貌。

妈妈，刚才是我没礼貌，不该说您是“臭妈妈”的，请您原谅我。

没关系，妈妈希望你说话能一直这样有礼貌，以后肯定会有更多人喜欢你。

宝贝长大了，懂事又有礼貌。

智慧絮语

其实孩子说脏话分为好几个阶段，所处的阶段不同说脏话的原因也不同。孩子三四岁时说脏话的本意并不带有辱骂的性质，而是单纯觉得好玩、有趣。孩子大一点后说脏话，很大一部分原因是模仿身边的人或影视剧里的人物说话。

有些父母听到孩子说脏话，可能会非常恼火地用强硬、尖锐的语言教训孩子，但这样，孩子可能反而会觉得说脏话能够引起父母激烈的情绪，然后以此作为吸引父母注意或对抗父母的武器。作为父母，如果发现孩子有说脏话的表现时，不要急着批评孩子，可以在孩子表现出文明礼貌时，给予他表扬，让孩子知道文明的行为才能获得认可。

听听孩子的心里话

生活中，当你对他人说话文明且有礼貌时，爸爸妈妈是怎么夸奖你的呢？（　　）

①妈妈发现你和小朋友一起分享玩具、图书时，说了“请”和“谢谢”，你真是一个讲文明又有礼貌的孩子。

②宝贝，你让别人帮忙时说了“谢谢”，表现得非常得体，妈妈真为你感到骄傲。

③宝贝，你是一个懂礼貌、讲文明的好孩子，值得妈妈表扬。

④你真是太棒了！在长辈面前说话非常得体，表现得非常好。

敢于主动表达自己的想法

周六早晨，诺诺和妈妈坐在餐桌前吃早餐。

妈妈说："宝贝，快点吃，你还要去上围棋兴趣班呢！"

诺诺皱着眉头说："妈妈，我不想去上围棋兴趣班。"

"不行，这个围棋兴趣班对你有好处，你必须得去。"妈妈一脸严肃地说。

到了围棋兴趣班，诺诺觉得浑身不自在，周围都是陌生的人，大家都安安静静的。老师在上面讲课，诺诺却一个字也听不进去，满脑子都是：我不想在这里，我想回家。

课间休息的时候，诺诺一个人坐在角落里发呆。这时，一位老师走过来，说："诺诺，你怎么一个人在这发呆呢？"诺诺抬起头，看到老师脸上洋溢着灿烂的笑容，说："我不想上这个课。"老师温和地看着诺诺的眼睛，说："诺诺，如果你不想上这个课，为什么还要来呢？""是妈妈让我来的，我不喜欢下围棋，一点兴趣也没有，我喜欢画画和舞蹈。"诺诺小心翼翼地说。顿时，老师明白了诺诺的心思。

老师轻轻地摸了摸诺诺的头，说："诺诺，如果你真的没有兴趣，你应该告诉妈妈自己的想法。你一直都没有把自己真实的想法好好地跟妈妈说，只是一味地抵触。如果你说了，说不定妈妈会理解你的。”

诺诺一脸惊讶，说：“真的吗？可是我不敢跟妈妈说。”

老师说：“嗯，相信老师，只要你能主动说出自己真实的想法，妈妈一定能够理解你。”

下课后，诺诺的脑海里一直回想着老师跟自己说的话。回到家里，诺诺试探地问妈妈：“妈妈，我想跟您说个事。”妈妈点头示意她说，诺诺按照老师教的，勇敢地说了自己不想上围棋兴趣班的真实想法。妈妈听完后，才明白不是诺诺不爱学习，而是诺诺对围棋真的没有兴趣。

于是，妈妈答应以后尊重诺诺的想法，并告诉她要主动说出自己的想法，做一个勇于表达自己真实想法的孩子。

阅读感悟

尽管诺诺不想上围棋兴趣班，但她没有主动说出自己的想法，结果只能被迫去上课。后来在老师的开导下，诺诺明白了自己应该主动、大胆地跟妈妈沟通，说出自己的内心真实想法。妈妈在得知诺诺对围棋实在没有兴趣的情况下，尊重了诺诺的想法，并鼓励她要做一个敢于主动表达自己真实想法的孩子。

勇敢、大声地说出来

妈妈带明明逛商场，看到一位阿姨正在商场门口送气球。明明想要气球，可是当阿姨问他想要什么颜色的气球时，他却犹豫不决，不知道如何选择。

小朋友，你想要气球吗？想要什么颜色的气球呢？

宝贝，你想要什么颜色的气球呢？

我……想……要……

这个你喜欢吗？

宝贝，你可以勇敢地说出自己的想法，老师经常表扬你，说你的表达能力非常棒！

我想要蓝色的气球，因为我喜欢蓝色。

原来你喜欢蓝色呀，刚刚阿姨帮你选错了。

宝贝，你敢于表达自己的想法，真是个勇敢的孩子！

谢谢妈妈！

孩子在与人交往的过程中，不会表达自己的意见，没有自己的见解，总是跟着别人的脚步走，这是典型的缺乏主见。缺乏主见的孩子，往往不敢拒绝别人的要求，遇到事情也不敢表达自己的意见。

孩子的世界与成人的不同，尽管他们有很多想法都显得天马行空，但是再不切实际的想法，父母也要鼓励孩子说出来，在不违背原则的情况下，甚至可以让他们做些尝试。当孩子发现自己的想法受到了尊重和重视时，他们会感到自己被肯定、被认可了，这能够增强他们表达自己意见的自信心。

因此，如果孩子迈出了勇敢表达自己的第一步，父母要及时地给予夸奖和表扬，这样能够激发孩子保有主见的积极性。

听听孩子的心里话

生活中，你敢于主动表达自己的想法吗？如果你敢，你想听到爸爸妈妈或老师怎么夸奖你呢？（　　）

①宝贝真棒，在表达自己的意见时毫不怯场，妈妈为你感到骄傲。

②你的用词非常准确，能够清晰地表达自己的想法，真了不起！

③宝贝，你的表达能力真好，简直太棒了！

④你能相信自己的判断，勇敢地发表自己的见解，这非常难得。

⑤你真有主见，总是能提出独特的观点，让人眼前一亮。

敢于同陌生人交流

这个周末，老师给大家布置了一项特殊的作业——主动和陌生人打招呼问好。吃过午饭，康康和爸爸一起来到家附近超市对面的广场上，想着那里人来人往的，完成这项作业应该就不难了。

康康和爸爸在广场上找了一个长椅坐下，看着三三两两的人从超市那边走过来，他们手里都拎着沉甸甸的袋子，应该是去超市购物的。爸爸对康康说："宝贝，赶紧开始作业打卡吧！"康康站起来，准备向走过来的人打招呼问好，可康康的脚却像定住了似的，怎么也迈不开，心里紧张极了，手心都冒汗了，于是康康又坐了下来。

爸爸见状，对康康说："宝贝，大胆点，不要怕，你主动上前去问好，我在这看着你呢。"这时，两个哥哥手里拿着可乐走过来了，他们一边走一边说笑。康康先想好了一个"借口"，便鼓足勇气迎上去，对两个哥哥说："你好，请问到世纪公园怎么走？"可能是康康说话的声音太小了，两个哥哥只顾着自个儿说话，就像没听见康康说的话，从康康的身边擦肩而过。顿时，康康像泄了气的皮球，回到长椅上坐着，一言不发。爸爸见康康出师不利，笑嘻嘻地说："宝贝，你刚才的声音太小了，对方可能根本就没听见。你再试试，大点声，不要害怕，爸爸相信你行的，加油！”

为了完成老师布置的作业，康康只好硬着头皮，决定再试试。恰巧迎面来了三个姐姐，她们边走边聊天，康康赶紧迎了上去，对她们说：“你们好！”其中一个姐姐问：“你有什么事需要帮助吗？”康康忙说：“没有，没有，我只是想和你们打个招呼问声好。”三个姐姐听了，笑着说：“你真是一个懂礼貌的好孩子！”康康回头看看爸爸，只见他悄悄地给康康竖起了大拇指。康康总算完成了老师布置的作业，心里别提有多开心了。

阅读感悟

为了完成老师布置的作业，康康和爸爸来到广场上。一开始，康康十分紧张、害怕，根本不敢同陌生人打招呼。后来在爸爸一次又一次的鼓励下，康康终于战胜胆怯，鼓起勇气完成了作业打卡。

主动与人打招呼值得称赞

周末妈妈带莉莉去超市买东西，路上碰到邻居王奶奶。妈妈让莉莉跟王奶奶打招呼，但莉莉却躲在妈妈身后不敢出来，也不喊人。

有些孩子见到不熟悉的人，总是很腼腆，不敢开口打招呼，也不愿意说话，显得很没礼貌。

主动打招呼，不仅事关礼貌，也是主动向别人表达善意的表现，可以增进人与人之间的感情。孩子见人不打招呼，不只会被认为没有教养，还会让别人感觉很冷漠、很难亲近，会影响他们的人际关系。

大多数父母看到孩子不主动打招呼，不是严厉批评、训斥，就是强迫孩子打招呼，这无疑会加重孩子的心理负担，导致孩子对人际交往产生抵触情绪。因此，在面对孩子不敢主动同人打招呼时，父母应该加以引导，多鼓励、夸奖孩子主动开口，而不是一味地施压。

听听孩子的心里话

如果家里来了客人，你会主动同客人打招呼吗？下面的话语是爸爸妈妈夸奖你的，你更希望听到哪些呢？（　）

①刚才没等爸爸让你喊人，你就主动和人家打招呼，爸爸觉得你很有礼貌。

②你今天特别有礼貌，叔叔阿姨们都在夸奖你呢。

③阿姨问你问题时，你回答得很清晰，阿姨一下子就明白了。

做诚实守信的好孩子

期中数学测验分数出来了，娜娜只考了76分，老师让娜娜把试卷带回家让家长签字。娜娜的父母对她学习要求很高，数学考试必须达到90分才算及格。娜娜心里犯愁了，怎么办呢？娜娜思来想去，终于想出了一个办法，就是偷偷地将试卷上的“76”改成“96”，想必父母发现不了。

回到家后，娜娜拿出红色签字笔，自己将“7”改成“9”。改完后，娜娜仔细地辨认了一下，还别说，一眼看去就是“96”分。

爸爸下班回来了，娜娜拿出试卷想让爸爸签字。爸爸看了一下试卷，顿时发现了破绽，总分“96分”，怎么会有这么多错的题目呢？爸爸突然明白了，这个“96”分不是真实的分数。

接着，爸爸对娜娜说：“宝贝，这些错题都是你粗心马虎导致丢分的，咱们来看看，一共丢了多少分。”听爸爸这么一说，娜娜有点心虚了，支支吾吾地说：“哎呀，别看了，您赶紧签字吧，错题我已经都订正了。”

这时，妈妈加班回来了，她走过来看娜娜的试卷，说：“宝贝，你这次丢分主要是粗心马虎，下次做完后一定要认真检查。就算你没达到90分，爸爸妈妈也不会批评你的。”听妈妈这么一说，娜娜的脸顿时红了。她低下头说：“对不起，爸爸妈妈，我这次没有考到 90 分，试卷上的分数是假的，其实我只考了 76 分……”

爸爸妈妈见娜娜主动承认了错误，便没有责怪、批评她。妈妈告诉娜娜，知错能改就还是好孩子，不要撒谎，要做一个诚实守信的人。

阅读感悟

诚实守信是中华民族的传统美德，做人只有诚实守信，才能得到别人的信任。娜娜因害怕被父母批评，自己动手改了试卷的分数，被爸爸发现破绽后，在妈妈的鼓励下，娜娜主动承认了错误，并懂得要做一个诚实守信的好孩子。

诚实守信值得夸

乐乐和恺恺约好周六上午10点在小区广场见，然后一起去书店，但是天有点儿阴，感觉要下雨。乐乐心想……

你现在要出门？天马上就要下雨了啊。

是的，因为我和恺恺约好了10点在小区广场见。

宝贝，记得带上雨伞哦！

我知道啦，谢谢妈妈提醒。

天好像要下雨了，恺恺不会不来吧？

宝贝，你在这等谁呢？

我在等恺恺一起去书店，我们约好10点在这儿碰面的。

天气不好，恺恺可能不会去了，你跟爸爸一起回去吧？

不，我相信恺恺会来的，我再等等。

不好意思乐乐，让你久等了，出门时找雨伞，耽误了一会。

你们都是诚实守信的好孩子，我为你们感到骄傲！

智慧絮语

诚实守信不仅是一种传统美德，也是一个人能够在社会生活中安身立命的根本。但是，随着孩子的成长，父母有可能发现孩子要么说谎话，要么做出承诺却不能实现。其实，孩子的不诚信是有原因的。低年龄段的孩子认知水平有限，分辨能力也不强，不太能区分现实和想象，所以会撒谎。而且，很多时候，他们说的谎话，只是在表达愿望，或是为了满足虚荣心。

当孩子的认知能力有限时，他们对自己的行为会缺乏正确的认知，可能会信口开河、随意许诺，但是又无法及时履行承诺，或是因为缺乏自律，在他们想要兑现诺言的时候，被其他事情所吸引，导致忘记了自己的承诺。

听听孩子的心里话

生活中，你是一个诚实守信的孩子吗？你允诺别人的事情都能兑现吗？下面的话语是爸爸妈妈夸奖你的，你更希望听到哪些呢？（　　）

①你找小明借了自行车，能够及时归还，说明你讲诚信，真棒！

②你答应帮妈妈擦桌子，而且很快就擦完了，真是太好了！

③你能主动告诉老师，有道错题老师没有扣分，老师夸你是个诚实的好孩子。

④你能说真话，不说假话，妈妈很欣慰。

⑤你答应爸爸自己可以独立完成作业，爸爸相信你。

遇到困难或挫折时不退缩

一个阳光明媚的周末，喆喆和小伙伴一起去走“勇敢者道路”，到达目的地后，他们先热了一下身，然后就开始过关了。

第一关真是太简单了！就是一条固定的斜坡，他们一下子就顺利过关了。但是每过一关，难度系数就越来越大，到第五关时，他们只剩下一半人了。慢慢地，他们坚持走到了最后一关——第十关，这也是最难的一关，又有两个小伙伴不敢走了，便放弃了。最终剩下四人，他们决定还是试一试。

喆喆是第一个挑战第十关的，虽然心里十分紧张，但喆喆还是想尝试一下。第十关设置的关卡是路上铺了很多小球，脚一踩到小球上，人就会摇晃。喆喆小心翼翼地走着，走到一半时，喆喆好奇地看了看下面：“啊——真高！”顿时，喆喆的双腿不由得发起抖来，额头上的汗珠也像一个个调皮的小精灵，一个接一个地“跳”下来。喆喆赶紧闭上眼睛，不敢往前继续走了，该怎么办？

就在这时，喆喆突然想起了爸爸经常对自己说过的话：“做任何事，都不要轻易半途而废，即使遇到困难或阻碍，也要努力去克服。困难好比弹簧，你强它就弱，你弱它就强。”喆喆平复了一下紧张的心情，深吸一口气，昂起头，继续小心翼翼地迈开腿，慢慢地向终点走去。

近了，近了，终点越来越近了，喆喆屏息凝神，然后用尽全身力气抓住攀爬绳，两条腿稳稳地站在小球上，跨过了终点。

阅读感悟

喆喆在尝试走“勇敢者道路”时，一开始觉得很简单，但随着关卡的难度越来越大，喆喆变得紧张、害怕起来。突然，喆喆想起了爸爸经常鼓励自己的话语，于是喆喆重新振作起来，鼓起勇气走下去，最终成功到达终点，顺利闯关。

坚持到底，赢得胜利

周末爸爸陪墩墩练习骑自行车，爸爸卸掉了自行车的辅助轮，想让墩墩练习骑行。可墩墩刚一上去就摔倒了，于是他就不肯练了，说太难了。

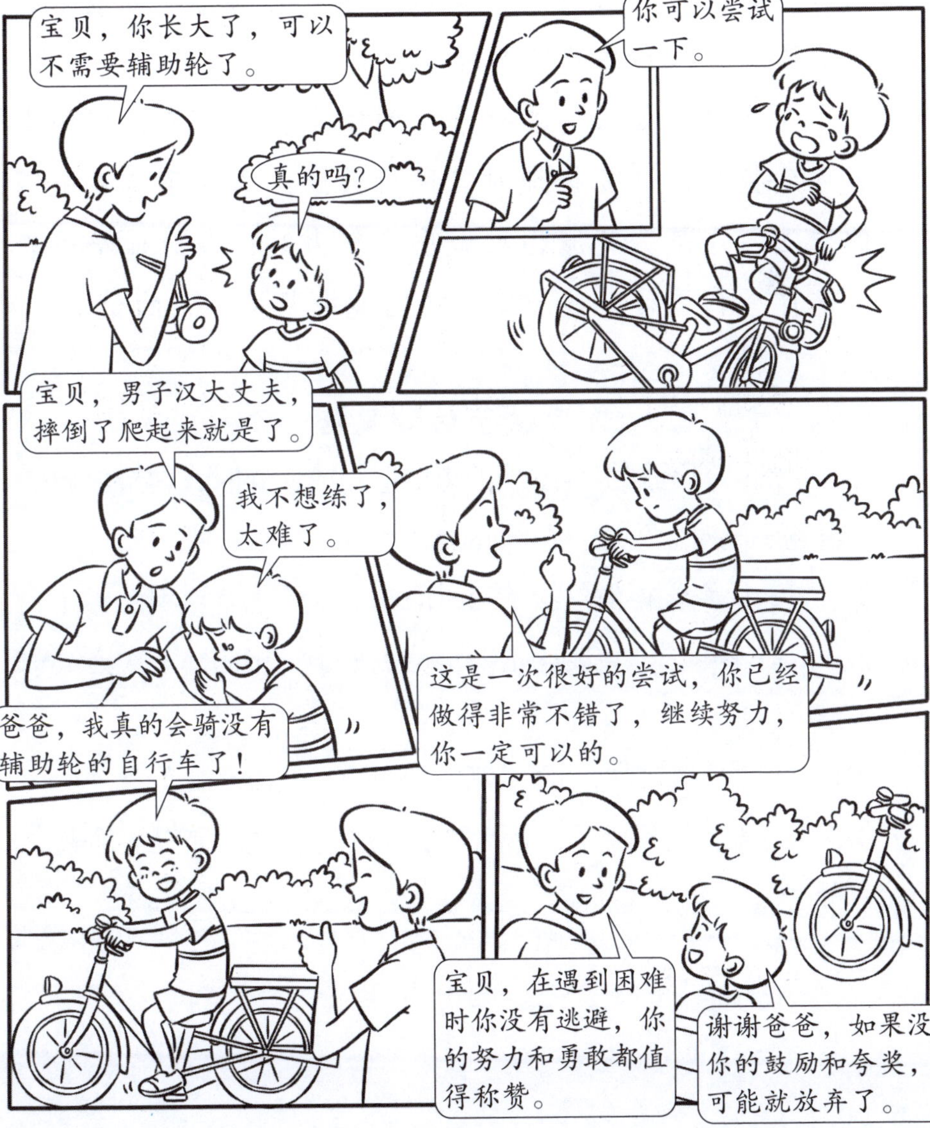

宝贝，你长大了，可以不需要辅助轮了。

真的吗？

你可以尝试一下。

宝贝，男子汉大丈夫，摔倒了爬起来就是了。

我不想练了，太难了。

这是一次很好的尝试，你已经做得非常不错了，继续努力，你一定可以的。

爸爸，我真的会骑没有辅助轮的自行车了！

宝贝，在遇到困难时你没有逃避，你的努力和勇敢都值得称赞。

谢谢爸爸，如果没有你的鼓励和夸奖，我可能就放弃了。

有时候，孩子轻易放弃的表现是在向父母寻求解决困难的帮助。可是有的父母因为太过着急，一看到孩子放弃，就觉得是孩子的抗挫折能力太差，于是忍不住地埋怨孩子。而父母的指责往往会给孩子带来深深的无助感和挫败感，让他们逐渐陷入自我否定的境地，对自己失去信心。

作为父母，如果想要孩子在困境中坚持下来，应该在孩子遇到挫折时，积极地对其进行鼓励；当孩子有克服困难的想法，或是为克服困难做出了努力时，及时地给予表扬。这样有利于帮助孩子建立在困境中坚持下来的信心。

听听孩子的心里话

生活中，遇到困难或挫折想要退缩或放弃时，你希望听到爸爸妈妈对你说哪些鼓励的话呢？（　　）

①宝贝，妈妈觉得你这次练习时面对困难的态度更积极了。

②失败并不可怕，重要的是你坚持下来了，相信你下次会做得更好！

③其实这件事挺难的，但你却坚持下来了，你真的太优秀了！

④这次你真的特别努力。因为你尝试了好几次，所以才能做得这么好，宝贝真棒！

第三章 生活习惯

早晨上学不赖床

俗话说："一年之计在于春，一日之计在于晨。"早晨，是一天的开始。可是，静静却不喜欢早晨，因为她是一个"起床困难户"。

每个上学的早晨，妈妈对静静说得最多的一句话就是"宝贝，起床了，不然上学要迟到啦"。此时，睡意正浓的静静，只会慵懒地应一声："嗯，知道了！"然后翻个身，立马又睡着了。妈妈还是不肯"罢休"，不厌其烦地叫着。静静被妈妈的叫声吵得不耐烦了，便大声说："知道啦！我正在穿衣服呢！"其实，静静连起床的意识都没有。

被妈妈催得没有办法的静静揉了揉眼睛，看了看放在床头的闹钟，真是不看不知道，一看吓一跳，"七点了！"静静这才慌忙坐起来，穿好衣服，连早餐也顾不上吃就去学校了，不用猜，肯定是迟到了。

由于静静上学经常迟到，老师找妈妈了解情况，得知静静早晨起床困难，老师和妈妈商量出了帮静静不再赖床的方法。今天早上，妈妈并没有像以往那样催促静静起床。她走到静静的卧室，对她说："宝贝，你昨天晚上说今天你是值日生，值日生可不能迟到哟，因为你特别有责任心并且答应过老师每天上学不迟到，老师才选中你的，可不能失言哦！”睡梦中的静静，迷迷糊糊地听到妈妈说的“值日生”三个字，瞬间意识到当值日生的光荣使命，于是立马翻身起来，快速地穿好衣服并洗漱完毕，然后以百米冲刺的速度飞奔到学校。

看来，妈妈这一招果然奏效，平时怎么喊都喊不起来的静静，在妈妈的鼓励与表扬下竟然主动起床去学校。

阅读感悟

“要迟到了”，这种表达方式是出于“惩罚”机制的心理，想要通过可能到来的“惩罚”让孩子长记性，其实作用并不大。“起床困难户”的静静，因为早上赖床而上学经常迟到，为此妈妈也是非常苦恼，后来在老师的指导下，妈妈想出了让静静主动起床的方法——鼓励与表扬。因为通过夸奖，可以激发孩子的自律意识，让他们能够主动去做某事，甚至比以前做得更好。

不做起床“困难户”

周一早上，妈妈已经喊了团团三遍：“宝贝，你怎么还睡呢？上学就要迟到了，快点起来！”团团却还赖在床上，连衣服都没穿……

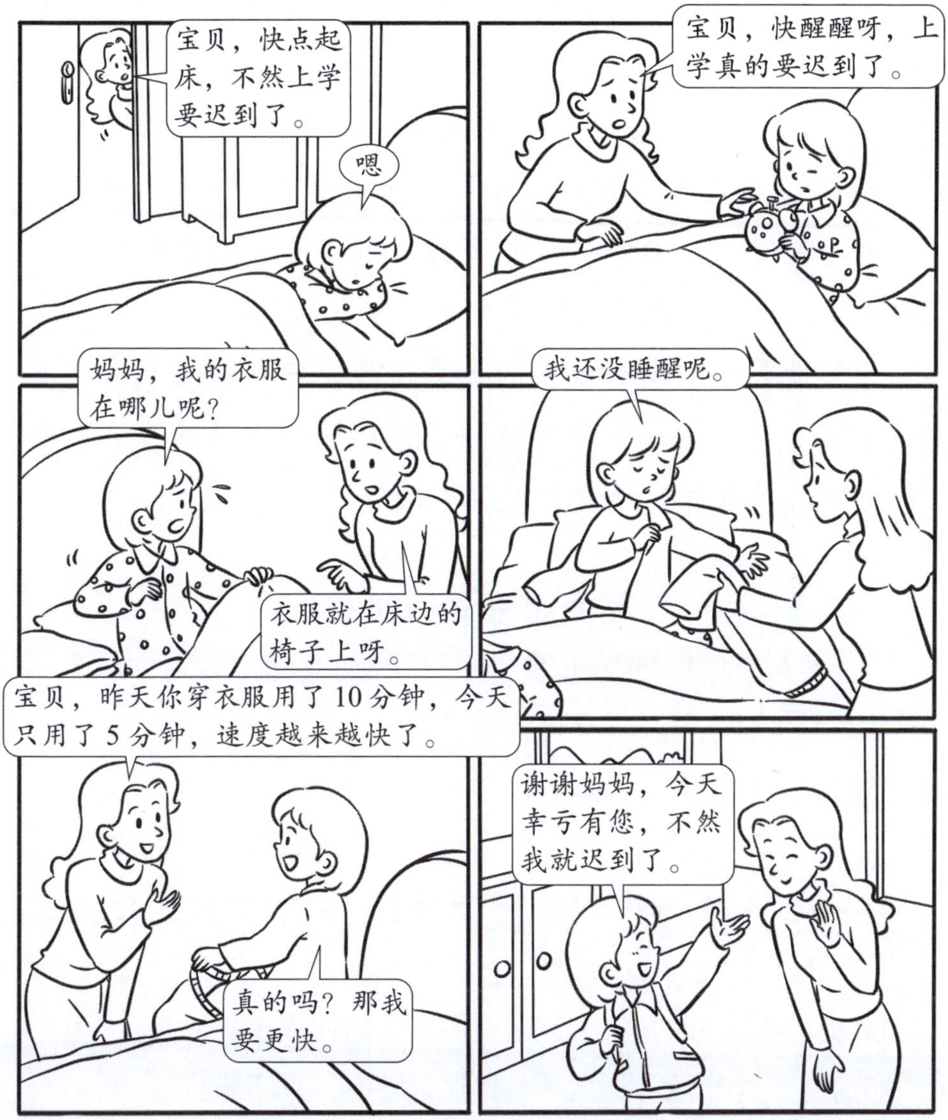

宝贝，快点起床，不然上学要迟到了。

嗯

宝贝，快醒醒呀，上学真的要迟到了。

妈妈，我的衣服在哪儿呢？

衣服就在床边的椅子上呀。

我还没睡醒呢。

宝贝，昨天你穿衣服用了10分钟，今天只用了5分钟，速度越来越快了。

真的吗？那我要更快。

谢谢妈妈，今天幸亏有您，不然我就迟到了。

智慧絮语

为了叫孩子起床，有些父母会用“唠叨式”的叫醒方式，隔一会儿就喊一遍；有些父母会用制造噪声的方式吵醒孩子……简单粗暴的叫醒方式确实立竿见影，但是孩子在睡眠状态下，突然遭受外界的刺激而惊醒，可能会受到惊吓。

而且，正常情况下，孩子从睡眠状态中彻底清醒过来，需要10分钟左右的时间。如果父母完全不给孩子的清醒一个缓冲的时间，频繁打断孩子醒来的节奏，那么即使孩子起床了，也可能会影响到他一天的精神状态。

父母要仔细观察孩子的日常表现，把寻找进步和夸奖孩子作为切入点。夸奖和鼓励不仅能让孩子感受到自己的行为得到了认可，还能激发他们的自律意识。

听听孩子的心里话

早晨当你想要赖床的时候，如果听到爸爸妈妈对你说下面的哪些话，你就不会再赖床了呢？（ ）

①你真是个守时的好孩子，今天准时起床了。

②哇，闹钟一响就起床，你真自律，我都有点佩服你了！

③早晨妈妈还没喊你起床，你就醒了。你是怎么做到这么准时的呢？

④今天宝贝按时起床了，表现很好，值得表扬。

⑤你今天起床后，把被子叠得这么整齐，真不错！

不沉溺于电子产品

诗诗非常喜欢玩手机，每天放学回家，第一时间就是拿起手机，然后笑呵呵地盯着手机屏幕。瞧，诗诗边玩嘴里还边说："太过瘾了！"奶奶见状，走过去对她说："大孙子，你已经玩了半小时了，应该休息一下了。"诗诗像没听见似的，根本不理奶奶。

爸爸下班回到家听了奶奶的"告状"，于是走到诗诗房间，笑着说："宝贝，你又在玩手机？看你玩得这么开心，爸爸也被吸引了，给爸爸瞧瞧。"诗诗眉飞色舞地说："真的太好玩了，你看……"爸爸凑过去，发现诗诗正在玩一个网络游戏。

顿时，爸爸明白了诗诗是沉溺于网络游戏了。爸爸接着说："宝贝，爸爸有事想跟你商量一下，你先暂停一会儿行吗？"诗诗随口答道："嗯，你说吧，啥事？"爸爸温和地说："宝贝，爸爸知道你喜欢玩手机，也尊重你的喜好，但是过于沉迷手机会影响人的交往。咱们不应该总是玩手机，而应该用更多的时间关心身边的人，比如我和妈妈。"听爸爸这么一说，诗诗低下了头。

接着，爸爸说："老师最近都在夸你有进步，说你很有自制力，爸爸也相信你能合理地支配自己的时间。"诗诗听了爸爸的话，说："我知道老玩手机不对，可是我一看到手机就想玩。"爸爸说："宝贝，我给你一个建议：你可以在手机屏幕上设置‘不要玩手机’几个字作为手机屏保，每当你打开手机时，就可以看见这个提醒。”诗诗听从了爸爸的建议，经过一段时间的努力，终于改掉了爱玩手机的坏习惯。

阅读感悟

诗诗喜欢玩手机，爸爸通过谈话，让他明白了沉迷手机不对。生活中，很多孩子跟诗诗一样，喜欢玩电子产品，如手机、电脑或游戏机。针对孩子沉迷电子产品的问题，父母应该及时提醒与监督，不要一味地批评与指责，需要激发孩子的自控力，让他们对自己的行为进行自我约束。

不做“低头族”

亮亮每天放学回到家，就缠着妈妈要手机玩。亮亮很喜欢在手机上玩游戏，说好只玩 10 分钟，可他总是说话不算数……

妈妈，老规矩，快给我手机。

你的作业写完了吗？

我先玩一会手机，待会儿再写作业啦。

你先把作业写完，然后才能玩手机。

妈妈，作业写完了，可以玩手机了吧？

宝贝，刚才说好玩 10 分钟的，你需要按时把手机还给妈妈。

这么快……

宝贝，说好只玩 10 分钟的，如果你能自觉放下手机，说明你是一个遵守约定的好孩子。

妈妈，我知道了。

妈妈，时间到了，还您手机。

孩子沉迷手机最常见的后果就是视力下降、作息不规律，还会导致他们认知功能、思考能力和创造力的严重下降。过度使用手机，还容易让孩子出现情绪不稳定、焦虑、暴躁、冷漠等问题，导致他们在人际交往中遇到很多障碍。

如果想让孩子合理、有度地使用手机，让他们学会自我管理才是最重要的。让孩子自己制定使用手机的相关规则，父母仅保留监督的权力，这样能让孩子学会约束自己和遵守规矩，学会为自己的行为负责，锻炼他们的自控能力。

生活中，如果孩子沉迷电子产品，父母应该多鼓励孩子远离电子产品，用赏识和夸奖的眼光欣赏孩子身上的优点，使其不沉迷电子产品。

听听孩子的心里话

如果下面这些话语是爸爸妈妈夸奖你不沉溺于电子产品的，你希望听到哪些呢？（ ）

①时间一到就放下手机，你真是个自律的孩子！

②你今天做到了按时放下手机，你的自律性让我感到骄傲。

③你能集中注意力做手工，手机放在旁边也没有分心，你真是个专心的孩子。

④你没有玩手机，而是帮我大扫除，有了你的帮忙，咱们家才变得更干净了。

吃饭不挑食、不偏食

贝贝是一个非常挑食、偏食的孩子，不喜欢吃素菜，最喜欢吃肉。如果吃饭时，餐桌上没有肉，他就会噘着嘴不吃。而如果餐桌上有肉，他就可以吃两大碗饭。因此，妈妈就叫贝贝“肉师傅”。

下午放学回到家，贝贝一进门就闻到了一股香味，便知道妈妈在厨房里做饭了。贝贝大声朝厨房喊道：“妈妈，今天有好吃的吗？”“有。”妈妈回答。贝贝兴高采烈地回到书房，心想：今天我又可以大饱口福了，真好！

过了一会儿，妈妈大声喊道：“宝贝，作业写完了吗？咱们可以开饭了。”贝贝兴冲冲地跑到餐厅，可是眼前的一幕让他惊呆了，只见餐桌上摆放着几道素菜：香菇炒青菜、油煎豆腐、酸辣土豆丝和番茄鸡蛋汤。为什么都是素菜呀？贝贝噘起嘴，说：“妈妈，您骗我，不是说今天有好吃的吗？我要吃肉。”

贝贝索性放下筷子，不吃了。见状，爸爸语重心长地对贝贝说：“宝贝，你现在正是长身体的时候，不能只吃肉，还要多吃蔬菜，这样才能促进身体的正常发育，同时还能增强身体免疫力。老师还表扬你在学校吃饭不挑食，从不浪费粮食呢！”

听爸爸这么一说，贝贝有点儿不好意思了。贝贝看着妈妈一个劲儿地把菜夹到碗里大口吃起来，一旁的爸爸也吃得津津有味，还一个劲儿地说：“味道真不错，好吃！”贝贝慢慢地拿起筷子，夹了一筷子青菜送进嘴里，咦？味道不错呀，虽然没有肉美味，但是青菜吃到嘴里甜甜的。爸爸竖起大拇指，朝贝贝点了个赞。

阅读感悟

贝贝吃饭只吃肉，不吃素菜，完全是凭着自己的喜好来，这是典型的挑食、偏食。爸爸妈妈对贝贝的这种挑食行为并没有直接批评和教育，而是以自身为榜样引导贝贝主动尝试素菜的味道，后来贝贝尝过后开始接纳了素菜，同时也认识到素菜会给人体提供必要的营养，从此不再挑食。

跟零食说“拜拜”

马上就到饭点了，玲玲抱着一大袋薯片坐在沙发上大快朵颐。见状，妈妈收走了她的薯片，并将做好的饭菜端上了餐桌。

这是你最爱吃的虾仁炒蛋，妈妈特地给你做的。

妈妈，我不饿。

现在是吃饭的时间，不饿也得吃一点，不然等会你就会喊饿。

宝贝最近几天吃饭可棒啦，比其他小朋友都厉害呢。

真的吗？我吃饭比其他小朋友厉害？

是的宝贝，你吃饭真是太棒了，你把蔬菜和肉都吃得一点儿不剩，完全没有挑食。

你每顿把菜和饭都吃完了，不浪费食物，妈妈很开心。

妈妈做的菜真美味，比薯片好吃多了。

我以后再也不吃零食了，我要做一个不挑食、不偏食的好孩子！

宝贝长大了，真棒！

对于很多父母来说，每次让孩子吃饭就好像上战场一样：好声好气地哄着，他爱答不理；大声吼几句，他哭的声音比你吼的声音还大。孩子好吃零食和挑食的坏习惯，影响孩子的身体健康。孩子的生长发育需要充足的营养，可是孩子吃多了零食，饭菜就吃不下了，摄入的营养成分就非常单一，长期下去，可能会导致孩子生长发育迟缓。

其实，想要让孩子养成好好吃饭的习惯，父母完全可以用正向强化的方式激励他们保持良好的饮食习惯。也就是一旦孩子拥有一点积极吃饭的表现，父母就及时地给予夸奖和表扬，用正面反馈强化孩子的正确行为，增强他们的积极性，从而让他们不偏食、不挑食。

听听孩子的心里话

如果下面这些话语是爸爸妈妈夸奖你好好吃饭的，你希望听到他们说些什么呢？（　）

①妈妈发现你今天不挑食，都不用我给你夹菜，自己能好好吃饭了。

②你把饭都吃光了，手也擦干净了，越来越会照顾自己了。来，咱们击个掌！

③宝贝真能干，是个“干饭”小能手哟！

④宝贝，你能坐在自己位置上吃饭，不掉饭粒，不吵不闹，真的很棒！

勇于尝试和挑战

暑假，妈妈带宁宁一起去爬黄山。出发那天，天气晴朗，阳光明媚。妈妈对宁宁说：“宝贝，咱们今天的目标是光明顶，听说光明顶海拔1800多米，你敢不敢挑战一下自我，尝试一下攀登顶峰的滋味？”“敢！”宁宁大声地回答。

一路上，宁宁犹如一只精力充沛的小猴子，兴致勃勃地蹦着、跳着。很快，妈妈就被宁宁甩在了身后。宁宁回头望望远在身后的妈妈，心里不禁有些洋洋得意：爬黄山也没什么大不了的，海拔1800多米的光明顶，很快就要被自己征服啦！

宁宁嘴里哼着小曲，继续一路向前冲。渐渐地，她的腿开始酸痛了，有些不听使唤了，于是不得不放慢了步伐。最后，宁宁不得不停下来，坐在路边的石头上休息。不知什么时候，妈妈已经追上来了，见宁宁坐在石头上，便笑嘻嘻地问：“宝贝，怎么像泄了气的皮球呢？刚才是谁说要征服光明顶的？”宁宁沮丧地说：“妈妈，黄山太高了，好像永远都爬不完。”妈妈摸摸宁宁的头，说：“宝贝，坚持就是胜利，不要轻易放弃。如果你不敢于去尝试挑战自我，哪里会获得成功呢？我们一起加油，爬上光明顶。”听了妈妈的鼓励，宁宁瞬间信心倍增，坚定地对妈妈说：“嗯，妈妈，我一定会爬到山顶的。”

快到山顶的时候，宁宁实在爬不动了，只能停下来休息，妈妈对宁宁说：“宝贝，我们马上就到山顶了，你一定要相信自己，坚持到底！”宁宁咬紧牙关，硬着头皮继续爬。终于，经过几个小时的攀爬，宁宁和妈妈登上了黄山最高峰——光明顶。宁宁开心极了，大声说道：“我挑战成功啦！”妈妈也给宁宁竖起大拇指：“很棒！”

阅读感悟

宁宁真是个勇敢的孩子，敢于尝试和挑战自我。爬黄山的过程中，宁宁也退缩过，但是在妈妈的鼓励下，她还是坚持了下来，最终成功登上光明顶。这次难忘的爬黄山经历，让宁宁明白了：人要敢于挑战自我，勇于去尝试。

敢于尝试和挑战自我

爸爸带雯雯去户外拓展乐园玩，只见岩壁上有好几个小朋友在攀岩。雯雯站在岩壁前犹豫了很久，却说什么也不敢上去。

宝贝，咱们也来尝试一下，挑战一下自我。

我害怕。

只要你按照教练说的去做，你肯定可以的。

当我爬到一定的高度时，我的腿会发抖的，我会掉下来的。

你要相信自己，你勇于尝试、迎接挑战的样子真像一个勇士！

爸爸，谢谢你的鼓励和夸奖，我现在就是一个真正的勇士。

恭喜宝贝挑战成功！你已经从一个害怕尝试的孩子变成了一个勇于探索的勇士。

孩子害怕面对挑战，主要原因就是他们的内心缺乏自我价值感，而自我价值感源自他人的认可和肯定。

有些父母在日常生活中，总是给孩子贴上负面标签，在孩子尝试着做某些事情的时候，也总是挑剔和否定，这些都会打消孩子尝试和探索的欲望与积极性。

作为父母，想要让孩子拥有面对挑战的勇气与信心，培养他们积极的心态十分重要。父母要在孩子每次尝试挑战时，及时给予表扬和激励，让他们感受到自己的勇敢和努力是被认可的，帮助他们获得面对挑战的勇气。

听听孩子的心里话

面对挑战时，你是勇往直前还是退缩逃避呢？尝试挑战时，你希望爸爸妈妈怎么鼓励或夸奖你呢？（　　）

①宝贝，你面对挑战毫不退缩，如同真正的勇士，坚定而有力，真棒！

②你能在大家面前这么自信地表达，从容不迫，真是让人赞叹。

③宝贝真勇敢，你做了一件非常需要勇气的事情，妈妈为你感到骄傲。

④你今天在挑战中表现得非常棒！你有实力，下次一定会赢的。

⑤你今天在挑战中取得了很好的成绩，我为你感到骄傲。

⑥你的勇敢不仅让你取得了出色的成绩，还给其他人树立了榜样。

学会自我检查，不再丢三落四

“太阳当空照，花儿对我笑，小鸟说早早早……”赵赵哼着小曲，一路蹦蹦跳跳地来到学校。

上午第一节下课，语文课代表走到赵赵桌前，说：“赵赵，来来来，快交语文作业，否则纸条上会写你的名字哈。”“别写，千万别写，我交，我交。”赵赵立即开始在书包里找语文作业，谁知书包翻了个底朝天，可还是没有找到语文作业。

过了一会儿，语文课代表大声对赵赵说：“赵赵，快去吧，老师找你。”赵赵的腿像拴了千斤重的石头似的，根本迈不开。过了一会儿，赵赵来到老师的办公室，结结巴巴地说：“老师，我把作业……丢……在家里了。”老师说：“赵赵，你是我眼中的好学生，现在用丢在家里来做没写作业的借口吗？”

赵赵真是哑巴吃黄连——有苦说不出，急忙解释道：“老师，我真的写了，您不信，可以给我的家长打个电话。”接着，老师拨通了赵赵妈妈的电话：“您好，赵赵的语文作业写了吗？”电话中的妈妈回道：“他写了，我已经给检查过了。对不起，老师，我家小孩总是给您添麻烦。您等一会，我现在给您送来。”老师说：“不用了，明天让他带来就行了，我只是问一下而已，没事啦。”

老师见自己误会了赵赳，接着说：“赵赳，你是老师眼中的好学生，以后不要总是丢三落四了，相信你不会让老师失望的。”听了老师的话，赵赳认真地点了点头，并暗暗发誓：以后一定要改掉丢三落四这个毛病。

阅读感悟

赵赳上学忘了带语文作业，结果被老师约谈。在得知真实情况后，老师鼓励赵赳以后一定要改正丢三落四的坏习惯。有的孩子比较粗枝大叶、马马虎虎，经常丢三落四，这很可能会影响到他们的学习。如果想让孩子不粗心大意、丢三落四，我们应该和孩子共同努力，给他们提供支持和帮助，鼓励他们养成正确的学习和生活习惯。

改掉丢三落四的毛病

晶晶常常丢三落四，上学时不是没带课本，就是没带文具。今天早上她到学校一翻书包，又发现作业本忘记带了，只好请老师联系妈妈给送过来。

咦？我的作业本呢？我记得放在书包里了。

你肯定是落在家里了。

您好！我是晶晶的语文老师，她的课堂作业本忘记带来了，现在请您帮忙送到学校来。

宝贝，你最近不那么丢三落四了，今天肯定是走得太急了，才把作业本落下了。

我早上怕错过了公交车，所以没有再次检查书包。

嗯，不错，知道自己检查书包，以后要保持这种好习惯，这样你就不会丢三落四了。

谢谢老师！

很多孩子都有丢三落四的习惯，父母只好跟在后面不断提醒，并帮孩子收拾残局。为了避免孩子总是丢三落四，有些父母会事事都替孩子考虑周全。但这样一来，孩子就会觉得，反正有父母替自己操心，自己落下了东西也没关系。

作为父母，我们应该用鼓励和夸奖的方式，让孩子改正丢三落四的习惯。比如当孩子某一次或某一阶段的表现有所进步时，我们不妨大方地给予夸赞。当孩子自己认为自己某件事做对了，并从中获得了积极的体验，他们就会继续保持这种行为，慢慢地养成好的习惯。

听听孩子的心里话

当你学会了自我检查时，爸爸妈妈是怎么夸奖你的呢？（　）

①你最近表现得非常好，都不再丢东西了，妈妈为你感到骄傲。

②你把明天出门要带的东西列了清单，免得忘记，真是聪明的小宝贝！

③你能想出给书做记号的方法，真是太棒了！

④宝贝，你进步真不小，都学会自己检查书包了。

⑤你记得在离开一个地方之前检查自己带来的东西忘没忘，做得真棒！

上课认真听讲

淘淘上课总是不认真听讲，经常在下面搞小动作，因为他总觉得老师讲的东西很单调。例如，语文老师在上面讲古诗，淘淘就趴在桌子上，看窗外的小鸟飞来飞去；英语老师在黑板上写单词，淘淘就把小橡皮当成车子，在课桌上开来开去；数学老师在讲台上讲很有趣的数学题，那些数字就像一个个小魔法精灵，组合起来有好多奇妙的答案，可是淘淘呢，却在下面偷偷地看漫画书。

瞧，淘淘的双眼盯着漫画里的小人，心里想着他们的搞笑故事，完全没听数学老师在讲啥。等到数学老师讲完后让大家做课堂练习的时候，淘淘就傻眼了。他看着那些数学题，就像看无字天书似的，脑海里一片空白。其他同学都在本子上认真地写着、算着，只有淘淘急得像热锅上的蚂蚁，不知如何是好。最后交课堂作业的时候，淘淘的本子上有好多都是空白的。数学老师看到后，将淘淘喊去了办公室。

数学老师问："淘淘，你上课听讲了吗？"

淘淘说："我……听……了……"

数学老师说：“那你怎么这么多都没写呢？”

淘淘说：“我没听懂。”

其实，淘淘上课喜欢搞小动作，数学老师是心知肚明的，他语重心长地对淘淘说：“淘淘，你是一个非常聪明的孩子，最近上课表现进步不小。但是上课听讲一定要专注，要跟着老师的思路走，一旦走神，你可能就听不懂老师讲的内容，作业就不会写了。”

顿时，淘淘的脸“唰”地红了。他本来以为老师会一顿批评，没想到老师不但没有批评自己，反而还夸奖自己聪明，课堂表现有进步。淘淘后悔极了，暗暗下决心：以后上课一定要认真听讲。

阅读感悟

生活中，很多孩子都有上课不认真听讲的情况，老师和家长通常的做法是对其进行批评和教育。淘淘因为数学课上没有认真听讲，结果课堂作业不会做，被老师喊去谈话。老师并没有直接批评淘淘，而是用鼓励与夸奖的方式给予淘淘进步的肯定，让淘淘意识到自己的错误，从而下决心以后上课一定要认真听讲。

认真听讲好好夸

老师给聪聪的妈妈打电话反映，聪聪上课时从座位上站起来乱跑，还去找别的同学聊天。

宝贝，老师今天跟我说，你上课时乱跑，还去找别的同学聊天，怎么回事？

妈妈，老师说的是今天上午吗？

是的。

妈妈，我的橡皮掉到地上了，我去捡橡皮才离开座位的。

嗯，那你怎么跟别的同学聊天呢？

是彤彤问我捡什么，我就告诉她了。

原来是这样啊，老师说你今天上课能跟上节奏，妈妈很为你感到自豪。

今天上课时我玩自己的橡皮，所以才掉到地上去了。

以后上课时要认真听讲哦！老师最近总夸你，说你课堂上积极举手发言。

妈妈，您放心，我以后上课一定认真听讲，积极举手回答问题，努力做“课堂纪律”之星！

宝贝，妈妈相信你一定能做到！

智慧絮语

有些孩子上课注意力总是不能集中，不是东张西望、做小动作，就是扭头跟同学讲话。其实，孩子无法认真听讲，与他们不知如何听课有关系。父母和孩子说的“上课认真听讲”，孩子只会从字面上理解“认真听讲”的意思，而不知道到底怎样才是认真听讲。

每次上课之前，父母都会千叮咛万嘱咐，让孩子一定要认真听讲，但孩子却总是置若罔闻。如果父母大加指责，孩子又会很委屈，会更加抗拒认真听课，学习的积极性也会受到影响。因此父母可以尝试用正向强化的方法改变孩子听课的习惯。例如，关注孩子的上课状态，及时发现孩子好的表现，并给予积极的反馈和奖励。这能让孩子对自己有信心，也能激发他们的学习积极性，让他们愿意一直保持这种状态。

听听孩子的心里话

当你上课时做到认真听讲，老师或爸爸妈妈是怎么夸奖你的呢？（　）

①你今天上课非常认真，爸爸为你点赞，希望你继续保持哦！

②你真是一个非常懂事又遵守课堂纪律的小学生。

③看，老师的评语说你课堂表现满分，妈妈太为你骄傲了。

④你现在对学习很上心，上课时很专注，老师很喜欢你。

主动同他人交朋友

新学期开学前一天，梦梦拿到了新班级的花名册，她焦急地寻找着自己的名字。一页，两页……噢，原来在六班。梦梦扫了一下全班同学的名字，顿时傻眼了，除了几个认识的男同学，其他女同学，梦梦一个都不认识。

这时，爸爸走了过来，看见梦梦愁眉苦脸的样子，问起了缘由。爸爸听完梦梦的话，意味深长地笑了，说："宝贝，既然这样，你为什么不主动去交朋友呢？"梦梦说："我只是担心别人不理我，那多尴尬啊！"爸爸接着说："宝贝，大胆自信一点，你这么优秀，只要你主动去认识他们，相信他们一定会很乐意跟你交朋友的。"听了爸爸的话，梦梦决定试一试，主动同新同学交朋友。

第二天早上，梦梦早早地起床了，吃完早饭后便急急忙忙地去学校了。梦梦走到教室门口朝里望去，有三分之二的同学正坐在座位上。梦梦望着一张张陌生的面孔，心里顿时紧张起来。她深吸一口气，硬着头皮，面带微笑地走了进去。

梦梦找到自己的座位坐了下来，放下书包，整理好东西，也开始四处观望了。她前面的一个女生，扎着短短的马尾辫，正无聊地望着窗外。梦梦心想：要不就跟她打个招呼吧？于是她鼓足勇气，轻轻地拍了一下前面女生的肩膀，用十分友好的语气说：“嗨，你好，我是梦梦，请问你叫什么名字？咱们能交个朋友吗？”那个女生回头朝梦梦笑了笑，说：“好啊，很高兴认识你，我叫琳琳。”简单地自我介绍后，她们便开始熟络起来。后来，梦梦和她成了好朋友，再后来，梦梦结识了班里更多的好朋友。

阅读感悟

开学伊始，梦梦分到了新的班级，她担心自己没有认识的朋友，后来在爸爸的鼓励下，梦梦勇敢地主动同新同学交朋友，认识了班里很多朋友。其实，每个人对陌生环境都有一个适应过程，孩子也不例外，面对陌生的环境和人们，主动同他们交往需要家长的鼓励，这样才能让孩子更加有勇气去社交。

做“社牛”不做“社恐”

龙龙平常总是独来独往，课间十分钟，别的孩子凑在一起玩，只有他自己一个人躲在角落里。

龙龙，快来跟我们一起玩呀！

龙龙，你不舒服吗？为什么不跟我们一起玩呢？

没有不舒服，我是……

龙龙，你愿意和同学们一起玩游戏，迈出了第一步，老师给你点赞！

大家慢点跑，别摔着了。

丁零零

宝贝，你总是担心大家不愿意和你一起玩，现在看来你的担心是多余的。

是的，爸爸，大家都愿意跟我一起玩。

早上好，俊俊！

龙龙早上好！你今天来得真早呀！

其实孩子不合群，原因可能来自性格。有的孩子比较内向，沉默寡言，不爱交流。有的孩子怕生，害怕社交，不敢和同龄的孩子交流，显得比较孤僻。有的孩子比较敏感，不太容易信任别人，导致他们变得不太合群。另外，自卑的孩子往往也比较容易不合群。不经常和外界打交道的孩子也容易不合群。他们很少出门和同龄人玩耍、交流，因为没有社交的机会，所以缺乏社交方面的勇气和信心，一旦遇到陌生人就会害怕和紧张。

作为父母，如果想让孩子的性格活泼、开朗一些，就不要一味地逼迫孩子主动融入或是埋怨孩子，当孩子和别人一起玩时，父母要去夸奖他们，让他们体验到主动交朋友的快乐。

听听孩子的心里话

生活中，你是一个合群（不孤僻）的孩子吗？当学会了主动交朋友时，你希望爸爸妈妈怎么夸奖你呢？（　）

①你能把喜欢的玩具分享给别的小朋友玩，值得表扬。

②妈妈觉得你一点都不孤僻，你能和大家玩得很好，是不是?

③你每天都迫不及待地去学校，和同学们在一起肯定很快乐。

④每个人身上都有缺点和优点，有缺点并不代表你不好。

⑤被人拒绝很正常，你只要做自己，会有人愿意和你交朋友的。

做个乐于助人的好孩子

夏日的晚饭后，兵兵和等等一起在家附近的公园里散步。兵兵悠闲地迈着小步，嘴里还哼着小曲，样子十分惬意。

突然，眼前的一幕让他和等等停下了脚步。只见前面不远处的路上有一个三四岁的小男孩正在嚎啕大哭。等等说：“这个小男孩是不是走丢了？”兵兵说：“可能吧，我们别管了。”等等又说：“这个小男孩可能现在正需要帮助呢，咱们过去问问吧。”于是，兵兵和等等一起加快步伐走到小男孩的面前，兵兵蹲下来，问道：“小弟弟，你怎么啦？找不到爸爸妈妈了吗？”

小男孩并没有回答兵兵，仍然一个劲儿地哭。兵兵双手一摊，说：“问了他也不说呀？我们还是别管了。”等等皱了皱眉头，说：“老师说过，看见别人需要帮助的时候，我们不能视而不见。”兵兵一时无言以对，脸顿时红了。兵兵只好继续问道：“小弟弟，你迷路了？找不到爸爸妈妈了？”这一次，小男孩停止了哭泣，朝兵兵使劲地点了点头，原来小弟弟是与父母走散了。

得知情况后，兵兵和等等商量该怎么办。等等提议将小弟弟先带到公园管理处，请工作人员通过广播寻找他的父母。兵兵觉得等等的建议可行，于是他们抱起小弟弟，将他带到了公园管理处，并说明了事情的原委，公园管理处的工作人员夸奖了兵兵和等等，给他们助人为乐的行为点赞。

寻找小男孩父母的广播刚播出没多久，只见一对年轻男女跑了过来。小男孩见到了自己的爸爸妈妈，直接就冲了过去，奔到妈妈身边去了。

阅读感悟

兵兵和等等帮助小男孩找到了走散的父母，他们助人为乐的行为是值得肯定和夸奖的。善良是孩子最珍贵的品质，培养孩子的爱心需要鼓励、支持，这有助于培养孩子善良的品性，让孩子的性格变得温和，也能让他们更好地与他人相处。

乐于助人值得夸

丫丫的数学成绩很好，瞧，这次又考了满分，她很是得意。同桌玥玥的数学成绩一向不好，课间想向丫丫请教一道题目。

丫丫，你真厉害！这次又考了满分。这道题课堂上我没听懂，你能跟我讲讲吗？

我讲不了，你去问别人吧。

你都考满分了，肯定会做吧，就耽误你一会儿工夫，给我讲讲吧！

说了我讲不了，你怎么这么啰唆？

丫丫，给别人讲题，你自己是不是也能更好地理解这道题了呢？你这次给别人讲题，下次别人也会愿意给你讲的。

知道了。

宝贝，老师说的没错，如果你给别人讲完题目，是不是相当于自己也复习了一遍？

嗯，我以后一定会主动给同学讲题的。

玥玥，昨天我没有给你讲题，对不起！以后如果你有不会的题，我来给你讲解吧！

好呀，以后我还是要向你请教的。

丫丫，你是咱们班的“数学之星”，再难的题，只要被你一讲，别人就都明白了。

谢谢老师的夸奖！

在日常生活中，有的孩子可能会显得有点冷漠和自私，他们只关注自己的需求和感受，不愿意帮助别人，对所有人都有一种戒备心理。孩子不愿意帮助别人，可能与性格有关。有的孩子在家中说一不二，一切都习惯以自我为中心，只知道享受和索取，不知道付出和奉献，长此以往，就很容易变得自私自利，对别人的需求视而不见。

培养孩子乐于助人的品质，对他们来说有很多好处。除了能让他们学会宽容和理解，为别人着想之外，最重要的是能帮助他们建立起良好的人际关系。作为父母，我们可以通过夸奖鼓励孩子主动帮助他人，做一个乐于助人的好孩子。

听听孩子的心里话

如果下面这些话语是爸爸妈妈夸奖你乐于助人的，你希望听到哪些呢？（ · ）

①你能用自己学习的时间帮助同桌，真是个乐于助人的好孩子。

②难怪同学们都喜欢你，原来是你很喜欢给大家讲题啊？

③妈妈听说你经常帮助有困难的同学，难怪大家都这么喜欢你。

④宝贝，你总是把爱和温暖带给大家，真是个好孩子。

自己解决跟同学之间的矛盾

一个阳光明媚的午后，教室里弥漫着一股慵懒的气息。老师给大家布置了一项作业，要求同桌之间合作完成一份手抄报。涛涛和同桌都兴致勃勃，幻想着能做出一份惊艳全班的手抄报。

“我觉得咱们可以把主题弄得鲜艳一点，这样能吸引人的眼球。”涛涛兴奋地说道。

“不行，太鲜艳了会显得很俗气，还是简约一点的好。”同桌皱着眉头反驳道。

就这样，他俩因为手抄报的风格问题产生了分歧。一开始，他们还只是各抒己见，可说着说着，气氛就变得紧张起来。

“你怎么就不听我的呢？我的想法肯定比你的好！”涛涛着急地提高了音量。

“哼，你也太固执了，根本不考虑实际情况！”同桌也不甘示弱。他俩你一言我一语，谁也不肯让步。最后，同桌气得把手中的彩笔一扔，大声说道：“这手抄报我不做了，你自己弄吧！”说完，扭头就走，留下涛涛一个人在原地又气又恼。

放学回到家后，涛涛把事情的原委告诉了妈妈，妈妈却对他说：“宝贝，你们之间只是意见发生了分歧，产生了矛盾，我相信只要你好好跟同桌沟通，你们一定能够达成共识，做出惊艳全班的手抄报。”听了妈妈的话，涛涛觉得也有些道理。

第二天上学，涛涛主动跟同桌说：“昨天是我没有尊重你的意见，咱们能不能再商量一下，取一个折中的意见。”同桌听涛涛这么一说，也不好意地说：“昨天我是一时生气才走的，我并不是要你完全听我的，我只是想我们做出来的手抄报能独具一格。”顿时，他俩相视一笑，化干戈为玉帛。

阅读感悟

因为手抄报的风格问题，涛涛和同桌之间产生了分歧。面对他们之间的矛盾，妈妈引导涛涛主动跟同桌沟通，力争达成统一意见。生活中，孩子之间产生矛盾或冲突在所难免，作为家长应该引导和鼓励孩子自己去解决问题，相信孩子自己能处理好。当他们在冲突和纠纷中获得体验之后，就会增长与人交往的经验，从而提高自身的社交能力。

机智解决与同学的矛盾

鹏鹏将自己最喜欢的故事书借给了同桌涛涛，没想到涛涛却把书弄脏了。鹏鹏既难过又生气，但涛涛却满不在乎。

你怎么把故事书的封面弄脏了？

我不小心将墨汁洒上去了。

这是我最喜欢的故事书，你得买一本新的赔给我。

我又不是故意的，至于吗？

宝贝，如果你能意识到自己的失误，并主动去找鹏鹏道歉，我想他一定会原谅你的。

我已经说过我是不小心的，但鹏鹏还是很生气。

如果你能把洒墨水的起因和经过讲清楚，鹏鹏或许就不会怪你了。

妈妈，我明天上学去跟鹏鹏道歉。

鹏鹏，我跟你道歉，我不该把你最喜欢的故事书弄脏。那天我写生字写到一半时，笔突然没了墨水，于是我准备给笔加墨水……

原来你真不是故意的，我原谅你了！

妈妈，我主动跟鹏鹏道歉了，他也原谅我了，我们还是好朋友。

宝贝，你能主动找鹏鹏说清楚情况，真的是太好了！我们明天买一本新的故事书赔给鹏鹏吧。

孩子很容易在学校和同学因为一些鸡毛蒜皮的事情而发生矛盾和冲突。

孩子大部分的时间都在学校里，同学之间的关系是孩子在人生之初要面对的人际关系之一。其实，孩子们之间自有他们的相处规则。让孩子自己去解决矛盾，能让他们学会承担责任。

孩子之间的矛盾，只要不是太严重，没有造成人身安全事故，可以由他们自己去试着解决。如果父母在孩子发生矛盾后情绪激动或斥责别人，很可能会激化矛盾，让问题变得复杂。因此，父母应该通过夸奖引导孩子去解决和同学的矛盾。

听听孩子的心里话

生活中，当你主动自己解决了和同学之间的矛盾，你希望爸爸妈妈怎么夸奖你呢？（　）

①你能原谅同学的无心之过，胸怀真宽广啊，妈妈很佩服你。

②你能想到怎么解决和同学的矛盾，说明你可以独立处理问题。

③和同学发生矛盾，你能保持冷静，现在又能反思自己，真难得！

④你能包容朋友的缺点，继续和他做朋友，我为你们感到高兴。

⑤你这么小就懂得换位思考，宽容别人，真是个暖心的孩子。

能够和同学一起完成小组任务

星期五下午，老师给恩恩、琦琦、钦钦和惠惠布置了一项作业，要求周末四人合作完成一部科幻小说。琦琦被老师任命为小组组长，她根据每个人的特长，对任务进行了拆分。钦钦的写作能力比较强，负责撰稿和文字编写；恩恩和自己的想象力比较丰富，负责故事情节设计和故事编写；惠惠的绘画能力较扎实，负责整篇小说的配图。

放学回到家，钦钦告诉了爸爸合作完成科幻小说的作业，说："爸爸，我担心自己写不好，到时候影响小组的成绩。"爸爸笑了笑，摸着钦钦的头说："宝贝，你要对自己有信心，小组既然选你负责文字编写，说明大家都是相信你的写作能力的。加油！"可钦钦还是有点儿信心不足，说自己想放弃，不想参与，爸爸听了接着说："你都没有尝试过，怎么知道自己不行呢？小组合作，协同完成，这是团队的力量，不是仅靠你个人的力量。爸爸相信你一定能完成好任务。"有了爸爸的鼓励，钦钦打算尽力而为。

周期六上午，他们四人来到琦琦家。恩恩、琦琦和钦钦一起坐在沙发上构思小说主题，惠惠在一旁翻阅各种卡通杂志，看到好的就记录下来，等待大家的参考。

大约过了两小时，钦钦写好了小说的大体框架，琦琦和恩恩将设计好的故事情节添加进去，惠惠则把选好的图根据故事情节的需要进行配置。

周一上午，琦琦把小说交给了老师。老师看了一遍后，问：“小说想象奇特，情节精彩，画面创意独特，你们有高人指点吗？”看着老师一脸的疑惑，他们四人都笑了起来，钦钦调皮地说：“有！这个高人就是小组合作！”

阅读感悟

俗话说：“团结就是力量。”恩恩、琦琦、钦钦和惠惠四人周末合作完成的科幻小说，得到了老师的好评，同时也让他们明白了小组合作的意义。期间，钦钦因为信心不够，想要放弃参与，爸爸则一直鼓励钦钦要积极参与小组合作，跟大家一起共同完成任务。

团结协作力量大

周五卫生大扫除，三人值日组负责打扫班级教室卫生。周周负责把前三排的椅子放到桌子上，婷婷负责后三排，兰兰负责扫地。摆放完椅子后，婷婷又拿起抹布去擦黑板，兰兰却不愿意扫地。

孩子缺乏团结协作能力，除了性格孤僻的原因外，更多的是因为他们的自我意识过强，希望别人都能听自己的，不愿意尊重别人的意见，也不愿意听从别人的安排。

缺乏合作精神，对孩子有很多负面影响。长期处在自我的环境下，孩子就只会关注自己，和别人的关系会越来越疏远。在和别人沟通交流的过程中，他们没有尊重别人、了解别人想法的意识，很容易被其他人排斥。

从小培养孩子的合作精神，可以让他们懂得尊重、理解和体谅别人，促进他们沟通交流的能力，让他们明白团结的意义，更好地去适应学校和集体生活。

作为父母，面对孩子缺乏团结协作能力时，我们应该多角度夸奖孩子，有意识地培养孩子的合作意识。

听听孩子的心里话

生活中，当你和他人（同学）一起完成小组任务时，你希望爸爸妈妈（老师）怎么夸奖你呢？（　）

①大家一起做卫生，很快就能将教室打扫干净，你们合作得多好啊！

②刚才你们表演的小品太好笑了，你们几个人真的是最佳拍档啊！

③你能和同学合作，共同完成老师布置的任务，真了不起！

第五章 家庭表现

主动帮父母做家务

周末，爸爸妈妈都去加班了，洋洋一个人在家写作业。写完老师布置的作业后，洋洋觉得十分无聊，于是开始看电视。看了一会儿后，洋洋的耳边响起了妈妈曾对他说过的话——电视不能看太长时间，对眼睛不好。那么，干点儿什么才好呢？洋洋左思右想。

突然，洋洋看到餐桌上堆放着一些乱七八糟的东西，心想：不如帮爸爸妈妈做点儿家务，把家里收拾一下。说干就干，洋洋先把餐桌上的东西进行整理，将桌上的书籍分门别类地摆放到书架上，清理干净餐桌后，洋洋又拿来抹布把餐桌擦得一尘不染，还把沙发上凌乱的衣服叠得整整齐齐，玩具也都收拾到收纳区。

最后，洋洋学着妈妈的样子，先用笤帚将地扫一遍，然后把拖把打湿，开始拖地，拖了一遍后他觉得还不干净，于是洗了拖把又拖了一遍，总算看到地砖如明镜了。收拾完后，洋洋看了看客厅，不禁赞叹道：“哇，好干净呀！”虽然洋洋累得满头大汗，但是当他看着干净、整齐的家，心里美滋滋的。

过了一会儿，妈妈下班回来了，一进门，她就问洋洋："宝贝，你爸爸今天怎么回来得这么早呀？"洋洋回答："爸爸还没有回来呢。"妈妈就惊讶地问："宝贝，是你打扫的客厅？"洋洋笑着说："是的，我想帮你们干点儿活。"妈妈听了，满脸笑容地说："宝贝，你真棒！你把家里打扫得这么干净，你长大了，会帮爸爸妈妈干活了，谢谢你。"听到妈妈的夸奖，洋洋的心里跟吃了蜜似的，别提有多开心了。

虽然打扫卫生有点儿累，但是洋洋想到能帮爸爸妈妈减轻点儿负担，觉得累也值得。洋洋心想：以后一定要多帮爸爸妈妈做家务，不让他们那么辛苦。

阅读感悟

洋洋周末做完作业后主动收拾、整理客厅，把客厅打扫得干净、整齐，得到了爸爸妈妈的夸奖。得到赞赏后，洋洋更加坚定了要帮爸爸妈妈做家务的决心。其实，家长让孩子做家务，不仅能让孩子更注意维护自己的劳动成果，还能够培养孩子的责任心，让他们意识到做家务是每个家庭成员都应该承担的责任。

夸夸家务小能手

晚饭后，妈妈忙着收拾餐桌，便对朵朵说：“宝贝，你把桌子擦擦吧。”朵朵既没有回应妈妈，也没有擦桌子的意思。

宝贝，你把桌子擦擦吧。

可是我不想擦。

宝贝，妈妈说的话你听到没有？

听见了，我等会儿擦。

宝贝，你真是一个好孩子，就像一个小大人一样！

咱们家的小天使真的长大了，桌子竟然擦得如此干净！

宝贝，你知道吗？做家务的你，简直在闪闪发光！

虽然我不喜欢做家务，但是听到爸爸妈妈的表扬后，我就有做家务的动力了。谢谢爸爸妈妈的夸奖！

孩子不喜欢做家务，与父母没有让孩子养成主动做家务的习惯有关。有的父母因为担心做家务会耽误孩子的学习而拒绝他们，但事实上做家务非但不会耽误孩子的功课，反而能够让大脑得以休息，对孩子的学习更有益。还有的父母在孩子主动提出做家务时，总是对孩子说："算了，还是我来吧，你做不了。"他们觉得孩子的年龄太小，在一旁会帮倒忙。父母的过多替代减少了孩子做家务的机会，也会让孩子认为，家务本来就是父母来做的，与自己丝毫没有关系。

作为父母，当孩子不喜欢做家务时，我们不妨试试用鼓励和夸奖的方式，让孩子从做家务中感到被认可和被肯定，从而调动孩子的积极性，让他们养成主动做家务的好习惯。

听听孩子的心里话

生活中，当你帮爸爸妈妈做完家务后，你希望他们怎么夸奖你呢？（　）

①你现在会干很多的家务活儿了，感谢你为这个家的付出。

②你洗碗时好细心啊，每个碗都擦拭得干干净净，真厉害！

③宝贝，这么多东西你一下就收拾好了，真不错！

④宝贝，你主动提出帮助准备晚餐，有了你的参与，晚餐更加美味了。

⑤刚才妈妈做饭时，你在旁边帮我打下手，真是妈妈的好帮手。

不随意乱发脾气

朵朵放学回到家，将书包扔在沙发上，接着只听“砰”的一声，冲进房间去了。

过了一会儿，妈妈拿着书包走了进来，问道：“宝贝，你在找什么呀？”朵朵不耐烦地说：“日记本。”妈妈又问：“你找日记本干什么？”朵朵大声说：“写日记，我的日记本找不到了。”

妈妈又开始唠叨了：“我平常都让你把东西放在一个固定的地方，你老是不听，现在找不到东西了吧。”朵朵本来就心烦意乱，听妈妈这么一说，更是火上浇油了。朵朵忍无可忍地怒吼着：“你烦不烦啊？我找日记本你不帮我，还在一旁唠唠叨叨的，有完没完啊？”

妈妈见朵朵这样对自己说话，顿时也怒气冲天，反问道：“我说错了吗？叫你不要乱放东西，你还对我大喊大叫？”朵朵听了，一气之下，将妈妈推出了房间，并“砰”地一声把房门关上了。

就在这时，爸爸下班回来了。爸爸走到朵朵的房门口，隔着门对朵朵说：“宝贝，你的日记本找到了吗？是不是交给老师了呢？”被爸爸这么一问，朵朵突然想起来了，日记本确实上交了。

朵朵打开房门走了出来，爸爸摸着她的头，又说：

“宝贝，虽然你找不到日记本很生气，但是你不该把气都撒在妈妈身上。爸爸妈妈都觉得你是个懂事的孩子，也相信你能控制好自己的情绪。”

听了爸爸说的话，朵朵意识到自己做得不对，于是走到妈妈面前，说：“妈妈，对不起！我刚才不该对您大吼大叫，我错了，您原谅我吧。以后我再也不乱发脾气了。”

妈妈笑了笑，说：“既然你知道自己错了，敢于承认，这点我可以原谅，希望你以后不要这样了。”

朵朵使劲地点点头。

阅读感悟

朵朵因找不到日记本而对妈妈随意乱发脾气，后在爸爸的启发教育下，朵朵认识到随意乱发脾气是不对的行为，并主动跟妈妈道了歉。当孩子在学习或生活中遇到困难，他们会产生无助感和无能感，从而导致发脾气，作为父母可以尝试通过夸奖孩子，让其学会控制情绪，而不是一味地压抑情绪或者攻击他人。

不做情绪失控的人

蕾蕾已经一口气吃了三块巧克力，但是还想吃。妈妈说吃多了对牙齿不好，蕾蕾就大哭大闹起来……

宝贝，你都长蛀牙了，不能再吃了。

我就要吃，我就要吃。

宝贝，你先冷静一下，巧克力吃多了对牙齿不好的。

宝贝，妈妈不让你吃巧克力，你可以提出反对意见，但是不能大吵大闹，随意乱发脾气。

我也不想发脾气，但是我控制不住呀？

宝贝，关于吃巧克力的问题，你应该先同妈妈进行协商，或许妈妈会答应你的。

对不起，妈妈，我不该乱发脾气的。

宝贝，妈妈刚才跟你说话也有点儿激动，你不怪妈妈吧。

我知道妈妈是为了我的牙齿好。

智慧絮语

有的孩子不仅经常发脾气，而且发起脾气来又哭又闹，甚至倒地撒泼。每个孩子都会有情绪不好的时候，但是学会控制坏情绪特别重要，这样才能避免将来孩子在情绪爆发的时候伤害自己或别人。

孩子发脾气时，压制和妥协的方法都不管用。孩子可能会因为被训斥而不得不认错和改正，但这会让他们认为攻击可以让弱者屈服，从而专门去欺负比自己弱小的人。讲道理也没有用，再多的道理，情绪失控的孩子也听不进去，反而让他们更固执。向孩子妥协，会让他们认为发脾气就可以得到一切，进而攻击性会变得更强。作为父母，我们可以通过夸奖孩子，让其学会控制情绪，从而不随意乱发脾气。

听听孩子的心里话

如果下面这些话语是爸爸妈妈夸奖你会控制情绪的，你希望听到哪些呢？（　）

①爸爸批评你，你懂得告诉爸爸“你很难过”，这样做是对的。

②你能控制自己的脾气，说明你的情绪管理能力很不错。

③你能和对方好好说话，把事情解释清楚，真了不起！

④你生气时能自己冷静一下，不乱发脾气，做得很好！

愿意主动跟家人分享

六一儿童节马上要到了，爸爸给雯雯买了她一直想要的飞机模型，可把雯雯高兴坏了，谁也不准碰她的飞机模型。

表弟来雯雯家做客，看到雯雯的飞机模型也十分感兴趣，便对雯雯说：“姐姐，你的飞机模型好酷呀，能给我玩一会儿吗？”

雯雯说：“不行，这是我的。”

见雯雯不答应，表弟便想要玩她的拼图，表弟说：“姐姐，那我可以玩你这个拼图吗？”

雯雯说：“不行，这个是我刚刚拼好的，你别弄乱了。”

表弟见雯雯这也不让他玩，那也不让他玩，便有点儿生气了。

表弟对妈妈说：“姑妈，姐姐不让我玩她的玩具，飞机模型不让我玩，拼图也不让我玩。”

顿时，妈妈明白了一切，然后放下手中的活，将雯雯叫到了身边。

妈妈对雯雯说：“宝贝，弟弟想玩你的玩具，你为什么都不让他玩呢？”

雯雯理直气壮地说：“玩具都是我的，我说了算。”

妈妈继续说：“宝贝，我知道玩具是你的，可是你应该懂得分享，将你的玩具分享给弟弟玩。”

雯雯有点儿生气了，觉得妈妈不公平，反驳道：“我为什么要分享？我不想分享。”

见状，妈妈抚摸着雯雯的头，说：“宝贝，大家都说你是个懂事的孩子。要知道，快乐与人分享，你会获得双倍的快乐。痛苦与人分享，你会减轻一半的痛苦。”

听妈妈这么一说，雯雯觉得有点儿道理，于是便将自己的玩具拿给了弟弟，说：“弟弟，你玩吧，我愿意将玩玩具的快乐分享给你。”这时，妈妈忍不住给雯雯点了个赞！

阅读感悟

雯雯不愿意表弟玩自己的玩具，是因为在她看来，分享意味着失去，会令她感到不舒服，所以她一开始是拒绝将玩具分享给表弟的。后来在妈妈的启发下，雯雯似乎明白了，分享玩具会让自身的快乐增倍，所以雯雯愿意主动与表弟分享自己的玩具。

懂得分享与感恩

树莓刚上市，价格有点儿贵。但因为瑶瑶喜欢吃，妈妈还是买了一点儿。树莓洗好了，瑶瑶拿起来就往自己嘴里送。

宝贝，快洗手，妈妈买了你最爱吃的树莓。

妈妈，现在树莓刚上市，一定很贵吧？

宝贝喜欢吃，贵点妈妈也舍得。

真好吃，谢谢妈妈！

宝贝，妈妈能尝一个吗？

宝贝，树莓一定很好吃吧？你肯定想把自己爱吃的东西分享给妈妈，对吗？

不是我不分享给妈妈，只是树莓太少了，我自己都不够呢。

宝贝，如果你将树莓分享给了妈妈，妈妈会和你一样感受到吃树莓的喜悦的。

是呀，妈妈尝过后，一定会知道树莓很美味的。

爸爸妈妈，你们也尝一尝吧！我不能吃“独食”，我要跟你们一起分享美味！

宝贝长大了，懂得分享了！

智慧絮语

现在的孩子，大多在家里受到了过度的溺爱，这导致他们认为所有的好东西都是自己的，没有“分享”的概念，更没有感恩之心。孩子不懂感恩，就无法理解父母的辛苦和不易。为了满足自己的虚荣心，他们会要求父母毫无保留地满足自己，这会加剧父母的负担。不懂得分享的孩子，会在人际交往中遇到困难。这样的孩子往往以自我为中心，只会享受别人的帮助，却在别人有需要时避之不及。他们不会换位思考，不会关心别人，很难得到别人的好感。

如果想要培养孩子的分享意识和感恩之心，父母不应进行强迫，否则会让孩子失去安全感。一味地要求孩子奉献和牺牲，孩子心理上会有匮乏感。只有鼓励主动分享，让孩子体验到感恩的快乐，他们才会成为有温度、有担当的人。

听听孩子的心里话

当你跟爸爸妈妈分享后，你希望听到他们怎么夸奖你呢？（　　）

①妈妈很高兴你能把自己喜欢的糖分给我吃，这糖真甜！

②妈妈知道你也很关心我，所以才和我一起分享好吃的是不是？

③谢谢你跟我分享了这么多好吃的零食，让我尝到了不同的美味。

与兄弟姐妹和睦相处

春节马上就要到了，哥哥、弟弟和妈妈一起在家里做卫生大扫除。哥哥负责扫地和拖地，弟弟负责擦桌子和椅子，妈妈负责擦门窗的玻璃。

不一会儿，哥哥说：“妈妈，你看我拖的地干净吗？”

妈妈笑着回答：“宝贝，你真棒！地上连根头发丝都找不着了。”

听妈妈这么说，弟弟气鼓鼓地说：“哼，我不干了！”

妈妈问道：“怎么啦？宝贝。”

弟弟满脸委屈地说：“妈妈偏心，你只表扬哥哥，明明我的桌子擦得也很干净啊！你怎么不表扬我？”

顿时，妈妈哭笑不得，原来自己不经意的一句表扬，让兄弟俩之间产生了嫉妒。

妈妈停下了手中的活，将兄弟俩喊了过来，说：“宝贝，你们都很棒！你们一起帮忙做卫生，妈妈非常感谢你们。哥哥拖地的确拖得很干净，弟弟的桌子也擦得一尘不染，虽然你们两人的分工不同，但是你们付出的劳动是一样的，你们都是妈妈的小帮手，妈妈给你们点赞！”

听了妈妈的话，哥哥说：“弟弟，你年龄比我小，还做得这么好，真棒！”

弟弟不好意思了，笑了笑说：“哥哥，我要向你学习，争取做得更好。”

说完，哥哥、弟弟和妈妈三个人相视一笑，然后继续干活了。

阅读感悟

因妈妈夸奖哥哥的地拖得干净，引起了弟弟的嫉妒心理。生活中，如果父母只夸奖一个孩子，那么另一个孩子很可能会在嫉妒心理的驱使下表现出强烈的不满，甚至认为父母偏心。因此，父母可以通过“夸奖所有孩子”的方式避免只夸奖一个孩子造成另一个孩子产生嫉妒心理的情况。

相亲相爱一家人

轩轩本来准备出去和同学踢足球，但下雨了，他只好无聊地待在家里。弟弟正在地上玩小汽车，轩轩走过去说："给我玩会儿。"弟弟不给，轩轩就要去抢。

把小汽车给我玩会儿。
这是我的小汽车，我不给。
妈妈，哥哥要抢我的小汽车。
轩轩，想玩的话，你需要征得弟弟的同意。
为什么弟弟能玩，我就不能玩呢？
你可以和弟弟商量，交换轮流玩。
弟弟，我可以玩一下你的小汽车吗？我拿我的机器人跟你交换玩。
好的，哥哥，小汽车给你。
你和弟弟互相分享自己的玩具，是不是比自己玩更开心了呢？
是的，妈妈，分享也是一种快乐！
你能把最爱的小汽车让给哥哥玩，你肯定很爱哥哥。
我爱哥哥，我最爱哥哥。

二孩家庭中，大宝和二宝虽然情同手足、感情深厚，但是因为生活在同一屋檐下，关系密切，所以两个人之间很容易产生矛盾和冲突，如抢玩具。大宝和二宝间最典型的矛盾就是争抢玩具。要么是大宝控诉二宝抢走玩具，要么是二宝控诉大宝不给他玩。还有抢关注。每个人都渴望有存在感，孩子也不例外。大宝和二宝争宠，本质上是在争夺父母对自己的关注度，想要在父母那里刷“存在感”。

其实，大宝和二宝间的争执，应该由他们自行解决。如果父母一味地要求大宝谦让，不仅会让大宝委屈，还会助长二宝飞扬跋扈的性格。因此，父母可以通过夸奖来鼓励孩子相亲相爱。

听听孩子的心里话

生活中，你是否会和兄弟姐妹闹矛盾？下面的哪些话语能让你和兄弟姐妹和睦相处呢？（　　）

①弟弟还小，你懂得体谅他，真是个好孩子！

②你弄坏了哥哥的机器人，会主动说“对不起”，哥哥感到很开心。

③看到哥哥生病了，你能细心地照顾他，爸爸妈妈真感动。

④兄弟姐妹之间就要互相照顾，你能懂这个道理，真是难得。

懂得尊老爱幼的传统美德

下午放学回家，波波在公交车站等了半天，好不容易来了一辆公交车，大家都争抢着上车。波波挤上车后，发现有一个空座位，便准备走过去坐。谁知，一个小男孩抢先一步坐了下去，他还朝波波扮了一个鬼脸，波波生气地瞟了他一眼。让人没想到的是小男孩转身就将座位让给了后上来的一位老爷爷，还对老爷爷说："爷爷，您慢点儿，别摔了。"

突然，公交车一个急刹车，所有人因为惯性身体向前倾。见状，波波连忙伸手去扶老爷爷，老爷爷对波波说："谢谢你，小朋友！"波波回道："不客气，爷爷。"

波波看了看先前让座的小男孩，他也正笑眯眯地看着老爷爷呢！

"这老爷爷肯定是小男孩的爷爷。"波波心里暗暗推测。

"世纪公园到了，请要下车的乘客带好随身物品，准备下车。"车上响起了到站的语音播报，小男孩转身向下车门的方向走去，还不忘回头看了老爷爷一眼。

波波觉得有点儿奇怪，便小声地问老爷爷："爷爷，刚刚下车的小男孩是您的孙子吗？"老爷爷摇摇头，说："不是呀！我也不认识他。"

原来波波猜错了。又坐了两站，波波起身准备下车，老爷爷也要下车。波波便扶着老爷爷一起下车，下车后，波波把老爷爷送过了马路，并叮嘱他要小心路况。

回到家后，波波将这件事告诉了妈妈，没想到妈妈对他说：“宝贝，你做得很对！尊老爱幼是中华民族的传统美德，你今天是用实际行动诠释这一美德呢，值得点赞！”

听了妈妈的话，波波心里高兴极了，还自言自语道：“老吾老以及人之老，幼吾幼以及人之幼。”

阅读感悟

尊老爱幼是中华民族的传统美德，作为中华儿女，我们都应该弘扬这种品德。波波的行为，正是对这种品德的实践，值得夸奖与表扬。在日常生活中，如果孩子表现出了尊老爱幼的行为，家长应该对他们的行为给予肯定，适时地夸奖与赞美，从而激发孩子传承这种优良品德的积极性。

夸传统美德——尊老爱幼

秋天来了，天气转凉了，奶奶怕珉珉着凉，便拿出外套递给他，说：“乖孙女，快加件外套吧。”珉珉嫌奶奶啰唆，便冲着她大声嚷嚷：“不穿就不穿，要你管！”

乖孙女，天冷了，赶快加件衣服。

我不穿，整天唠叨，烦死人了。

会感冒的，快穿上吧。

说了不穿就不穿，你怎么这么啰唆？

宝贝，你怎么跟奶奶说话的？一点礼貌也没有。

我说了不穿，她还非要一直说个不停。

奶奶之前还说你是她的小棉袄，对她特别关心，逢人就夸自己有个好孙女。

爸爸，我去跟奶奶道个歉。

奶奶，我刚刚不应该那么凶您的，我知道您都是为我好，怕我着凉了生病。

乖孙女，奶奶不怪你的，你经常帮我干活，我知道你是关心奶奶的。

宝贝，你做得很好，知道礼貌地跟奶奶说话了。

爸爸放心，以后我一定要做个尊老爱幼的好孩子。

孩子对老人发脾气，也有一时情绪失控的原因。可能是因为某些事情感到不开心，或是觉得没有受到尊重，从而导致情绪爆发，并且用粗暴的态度跟老人对抗，以表达自己的不满。

尊敬和关爱老人是中华民族的传统美德。老人不仅是孩子的长辈，也是他们的亲人，尊重和孝敬他们是孩子应该尽到的义务与责任。

在父母的眼里，孩子对老人没礼貌，是肯定要教育一番的。不过，破口大骂并不能唤起孩子尊敬老人的心，可能还会激起孩子的逆反情绪。作为父母，我们应该鼓励孩子在和老人交流时保持礼貌与耐心，多包容和爱护老人，从而让他们学会主动关爱老人。

听听孩子的心里话

生活中，当你对家里的长辈非常有礼貌的时候，爸爸妈妈会怎样夸奖你呢？（　　）

①见到爷爷和奶奶，你能主动跟他们打招呼，这就是对老人的尊重。

②宝贝，你看见长辈时，会说“请”和“谢谢”，这样做非常正确。

③宝贝真懂事，经常帮我照顾外婆，我感到很欣慰，妈妈谢谢你。

第六章 理想目标

为梦想而努力奋斗

睿睿是个活泼开朗的男孩子，从小就喜欢各种体育运动，梦想着长大后能当一名运动员。

爸爸经常对睿睿说："宝贝，只要你脚踏实地朝着目标努力奋斗，相信你的梦想一定会实现的。"睿睿牢记着爸爸的话，并用实际行动去践行。

学校举办春季运动会，睿睿报名参加百米短跑比赛，站在起跑线上，心中充满了紧张与期待。这是睿睿第一次参加百米短跑比赛，虽然没有绝对的把握获胜，但他仍然决定全力以赴，为自己争取一个好成绩。

当枪声一响，睿睿如同离弦的箭一般冲了出去。只见睿睿奋力地摆动着双臂，双腿也如同装了马达一般飞快地交替着。然而比赛的过程并不顺利，睿睿遇到了一个强大的对手，对方的速度之快让睿睿有些措手不及。睿睿不断地告诉自己，只要还有一丝力气，就一定要坚持到最后。

眼看就要到终点了，在最后的冲刺阶段，睿睿咬紧牙关，拼尽全力，向终点冲去。最终，睿睿获得了本次百米短跑比赛的第二名。

爸爸告诉睿睿："宝贝，你已经全力以赴地朝着目标奋进了，即使最终没能获得冠军，但你的坚持依然值得称赞，爸爸为你感到骄傲！"这次比赛让睿睿深刻体会到了全力以赴的意义。通过百米短跑比赛，睿睿学会了如何应对挑战，如何坚定自己的信念，如何全力以赴地追寻自己的梦想。

阅读感悟

睿睿在百米短跑比赛中，拼尽全力朝终点跑去，最终取得了第二名的成绩。爸爸的话语，一直激励着睿睿朝着自己既定的目标而努力奋斗，为自己的梦想而拼搏。其实人生就像一场马拉松，每个人都在赛道上奋力奔跑，寻找着属于自己的终点。

梦想是学习的内生动力

周六晚上，坤坤一个人在房间里写作业，爸爸走进坤坤的房间，看见坤坤正在认真写作业，于是问坤坤长大了想干什么，坤坤一时也不知怎么回答才好。

宝贝，你有没有想过长大以后要干什么呢？

上北大、清华啊，妈妈说的。

上北大、清华那只是过程，不是目的。人生就像射箭，梦想就是靶子，如果找不到靶子，天天拉弓有什么意思呢？

宝贝，这个世界上好玩的工作多了去了。

爸爸，我喜欢动漫，想去最好的学校学动漫。可是这么多科目，我该从哪开始呢？

看看，一共是 10 厘米，距离期末考试还有 100 天，每天学会 0.1 厘米。宝贝，我相信你能做到。

爸爸，我现在就要开始今天的 0.1 厘米。

加油，宝贝！

孩子之所以缺乏学习动力，是因为他们没有学习目标，没有自己的梦想。

动力可以分为内生动力和外在动力。前者是孩子自身产生的动力，比如孩主动去学习。后者受孩子所处的外部环境的影响，包括家庭、学校等方面的压力和鼓励，比如父母要求孩子好好学习。内生动力才是孩子学习的根本动力，而它主要来自孩子的兴趣、理想等方面。

父母的赞赏和肯定，能给孩子最大的动力。即使孩子的梦想不切实际，也要尊重和支持他们。让孩子相信自己有实现梦想的能力，他们才愿意去为之而努力，从而提高学习和探索的动力。

听听孩子的心里话

当你主动告诉爸爸妈妈自己的梦想时，你希望爸爸妈妈对你说什么呢？（　）

①你将来想当一位画家？咱家还没有人做过这个，你可以试试看哦！

②你长大了想当演员？这是一个不错的理想。

③你对计算机感兴趣，想当程序员？爸爸支持你。

④你不想当画家，想当医生了？没关系，只要你喜欢，随时可以改变你的梦想。

⑤梦想不是一成不变的，但是希望你能为了自己的梦想去奋斗。

勤于动脑，善于思考

美术课上，老师给大家出了一道题目：小鸡的故事。前面老师已经教过大家怎样画小鸡，这次老师没有进行任何限制，只是出了一道题目，给了孩子们大大的画纸，让孩子们自由发挥，画出自己构思的故事。孩子们非常兴奋，互相说笑着开始各自的创作。

轩轩没有立刻动笔，而是用一双小手托着自己的下巴思考着，很多小朋友都快画好了，轩轩才展开纸画了起来。只见轩轩手持画笔飞快地画着，片刻之间，他就在纸的一角画出了半只小鸡。同桌看见后，说："你思考了半天，怎么只画了半只小鸡？把纸翻过去重画吧！"

老师闻讯走过来看了看，说："轩轩，不要急，慢慢画，老师相信你肯定有自己的想法！"

果然，轩轩胸有成竹地完成了那幅画，原来那半只小鸡刚从草地里爬出来，草地中还有一只兔子和一只山羊，正朝着小鸡挥手呢。

大家都十分好奇轩轩的画讲的什么故事，轩轩颇有几分得意地说："鸡妈妈带着孩子们到草地觅食，有一只小鸡和鸡妈妈走散了。于是，小鸡就问路过的兔子姐姐：'您好！您看到我的妈妈了吗？'兔子姐姐说没有看到。小鸡又问山羊爷爷：'您看到我的妈妈了吗？'

山羊爷爷指着远处的花园说：‘我看到你的妈妈去那个花园觅食了。’小鸡连忙向山羊爷爷道谢，出了草地找妈妈去了。”

大家这才恍然大悟，原来小鸡是忙着去找妈妈了，这幅画让所有的人都仿佛体会到了小鸡寻找妈妈的急切心情。老师对轩轩的创意非常赞赏，大家也纷纷为他鼓掌。

阅读感悟

轩轩是一个勤于动脑、善于思考的孩子。当美术老师布置课堂任务后，轩轩并没有急着动手作画，而是先思考了片刻，设计好了画面的故事情节，然后按照自己的想法去创作，最终得到了老师的夸奖和赞赏。

爱动脑，会思考

下午放学回来，萌萌发现自己的橡皮又弄丢了，一周时间，她已经丢了三块橡皮了。看着生气的妈妈，萌萌埋头翻弄着书包。

这个星期，你已经丢了三块橡皮了！

宝贝，先不要着急去找，咱们先来想一想橡皮可能丢在哪里了。

可能掉在教室的课桌底下了。

好的，这是第一种可能，咱们先记下来。

还可能掉在课桌抽屉里了。

嗯，这是第二种可能，咱们也先记下来。

好像是我同桌借去用了，还没还给我。

宝贝，这是第三种可能，你再想想，还可能丢在哪里了。

爸爸，也有可能夹在课本里了。

好的，你已经想出了四种可能的情况，咱们先按照纸上记录的在家里找找看，其他可能的情况明天去学校再找找。

宝贝，你很聪明，以后如果遇到问题，你要学会动脑思考，这样才能找到解决问题的办法。

孩子如果缺乏动脑思考的能力，就会“懒得思考”。很多孩子平时在生活中受到百般呵护，很少有亲自动手做事情的机会，动手少，动脑也会少，从而事事依赖父母，思维也变得懒惰，遇到问题只会说“不知道”。

在学习上，懒得动脑的孩子在写作业时往往不太认真，遇到难题的时候，没有人帮助他们，他们就会一筹莫展。对于很多事情，他们也都没有好奇心，更丧失了对未知事物进行探索和思考的兴趣。作为父母，我们应该通过夸奖来培养孩子独立思考的能力。

听听孩子的心里话

如果下面这些话语是爸爸妈妈夸奖你爱动脑动手的，你希望听到哪些话呢？（　　）

①宝贝喜欢提问，说明你是一个求知欲很旺盛的孩子。

②大海为什么是蓝色的？这个问题提得很好，你真厉害！

③你聪明的小眼睛告诉我，这个问题你已经想到方法解决了！

④宝贝太棒了，用自己想到的办法解决了这个问题。

⑤你学会了自己找答案，相信以后也能自己解决生活里遇到的难题。

做个有时间观念的人

周五下午放学，爸爸妈妈接到芸芸后，告诉芸芸要带她去看生病的外婆。在去外婆家的途中，妈妈还时不时提醒芸芸：“宝贝，咱们去外婆家，你的作业需要抓紧时间写哦。周日上午还要上英语课呢。”芸芸漫不经心地回答：“没事儿，今天才放假，离周日上英语课还早着呢！”到了外婆家，爸爸也提醒芸芸需要抓紧时间写作业，而芸芸也只是应付地写了一点。

周六上午，爸爸妈妈带芸芸去舅舅家吃午饭，因此周六上午的时间也没了。周六下午回到家已经是三点半了，妈妈问芸芸的作业写了多少，这时芸芸才紧张起来，接着马不停蹄地开始“赶工”，可惜为时已晚，面对堆积如山的作业，一个下午怎么做得完呢！

直到晚上吃饭，芸芸也只写完了语文作业和两张数学卷子，英语作业和课外阅读都还没来得及做呢。吃完饭后，芸芸又开始接着“赶工”。“宝贝，都晚上十点了，你的作业都写完了没？”妈妈问芸芸。“快写完了，真是累死我了。”芸芸伸了个懒腰，“啊？十点了！”芸芸急忙开始洗漱，然后爬上自己的小床睡觉。周日早上，因为前一天睡得太晚，芸芸上英语课时又差点儿迟到了。

下课后，妈妈来接芸芸，发现她困得一直打哈欠。妈妈对芸芸说：“宝贝，你赶紧回家补会觉吧。这个周末，你写作业的时间没有合理安排，导致写作业‘赶工’而睡眠不够。以后，咱们一定要合理地安排学习时间，不做时间的奴隶，要做时间的主人。”芸芸觉得妈妈说得非常有道理，于是下定决心：以后一定要做个有时间观念的人。

阅读感悟

生活中，像芸芸这样的孩子有很多。孩子的拖延并不是因为叛逆或不听话，而是由于父母一直帮助他们管理时间，使孩子没有管理时间的自主权。如果父母把时间的支配权还给孩子，让孩子自己做主，孩子做事自然会更有积极性、主动性和自律的意识。

做时间的主人

马上要放暑假了，延延开心得要飞起来了。他明确表示自己不愿意上暑假班，妈妈想要反驳，爸爸示意她少安毋躁。

宝贝，你期待假期很久了吧？

是啊，爸爸，终于不用每天早起去上学了。

确实，每天上学好辛苦的。那放假后你有什么打算呢？

我打算去一趟海边，去年买的泳衣还没穿过呢。

可以，你还有什么其他计划吗？

我还想和同学一起去参加夏令营，之前约了几次，结果都没去成。

嗯，这个也可以，还有什么呢？

我还想去乡下看看爷爷奶奶，挺想念他们的。

宝贝，你还有没有别的打算？

还有学习，我准备先把暑假作业写完，然后预习一下新学期将要学习的内容。

加油，宝贝，希望你的计划都能完美收官。

孩子之所以排斥计划，多半是因为那是父母制订的。父母在制订计划时容易无视孩子的意愿。孩子没有任何发言权，对于计划没有参与感，在执行计划时就会失去动力。

孩子小的时候，迫于父母的权威和惩罚，不得不遵照父母的命令去执行计划，即便心里有不满的情绪，也不敢表达出来。但是，因为不是发自内心地想做，孩子会千方百计地拖延、糊弄、逃避，让计划无法顺利完成。而父母为了让孩子完成计划，就会催促、唠叨、威胁孩子，这又会引起孩子的反感，让计划更难执行下去。

作为父母，如果想要让孩子顺利地完成学习计划，最好的办法就是让孩子参与到制订计划的过程当中，征求他们的意见。

听听孩子的心里话

如果你将自己的学习计划告诉爸爸妈妈，你希望他们怎样夸奖你呢？（　　）

①你的这份计划很详细、具体，希望你能顺利完成。

②这计划一看你就用了心，如果真能实施，你的学习成绩一定能提高。

③你能针对自己学习的薄弱之处制订计划，做得很好。

④有了这份计划，相信你能很快达成目标。

⑤每天运动半小时，你已经连续一个月这样做了，真不错！

培养竞争意识

新学期开学了，老师说班级要开展竞选班干部活动。听到这个消息，大家议论纷纷，想要竞选班干部的同学都跃跃欲试，准备一展风采。

敏敏的学习成绩一直很好，也想参与竞选学习委员，但她又担心自己竞选不上，便跟妈妈说了自己的烦恼。妈妈了解了敏敏的想法后，说："宝贝，妈妈非常支持你去竞选学习委员。如果能竞选成功，当然值得高兴，即使竞选不上，妈妈也为你的勇气感到骄傲。"在妈妈的再三鼓励下，敏敏决定试一试。

第二天的班会课上，老师宣布："同学们，想要竞选班干部的，请举手上台发言！"一瞬间，班上有十来个同学都举起了手。老师按照顺序点名，一个一个上台轮流发言。竞选班长的有杰杰和铭铭，杰杰当过副班长，对班长这个职务可能更了解一些，因此杰杰的发言十分精彩；而铭铭当过三年的班长，说话又十分幽默，当选班长的可能性比较大。

看到其他同学上台精彩发言，敏敏心里有点儿紧张。经过一番思想斗争，敏敏还是勇敢地举起了手，老师看到后，点名让她上台发言。"尊敬的老师，亲爱的同学们，大家好……"等敏敏将发言稿念完时，教室里顿时响起了一阵雷鸣般的掌声。

发言完毕后，接下来是不记名投票，最终铭铭以22票当选了班长，湘湘以24票当选了学习委员……敏敏虽然没有选上，心里有点失落，但是她依旧为当选的同学鼓掌。后来，老师综合考虑，调整了班干部的人选，敏敏成了阅读委员，负责管理班级阅读。敏敏暗暗发誓：以后一定要以身作则，带领大家一起认真阅读，做一名优秀的班干部。

阅读感悟

一开始，敏敏想竞选学习委员，但害怕自己选不上而犹豫不决，后来在妈妈的再三鼓励下，敏敏参与了班干部竞选活动，尽管最终没有当选学习委员，敏敏依然没有气馁。竞争能激发孩子的潜能，促进个人成长。如果孩子非常“佛系”，凡事都不喜欢争抢，总是一副懒懒散散的样子，父母就要有意识地培养其良性竞争意识。

鼓励参与良性竞争

学校即将举办秋季运动会，昊昊对体育活动一点也不感兴趣。爸爸问他准备参加什么项目，他摇摇头说自己不准备参加。

学校的运动会，你准备参加什么项目呢？

爸爸，我不想参加，我去看看就好了。

的确，在旁边观看比赛也不错。但我想，参与其中也很有意思吧？

可是，我没什么擅长的项目啊。

重在参与嘛。想想看，你在赛场上努力，你的同学在场外给你加油，你一定会很自豪吧？

是啊，可是……

你是担心自己拿不到名次吗？所以你不想报名参加。

嗯，如果拿不到名次，那多丢人啊。

只要你尽力了，你的同学也一样觉得你很棒。

是吗？那我就报200米短跑试试吧。

好啊，现在距离运动会还有两个星期。爸爸可以每天陪你跑步，帮你提高速度。

那太好了，谢谢爸爸。

良性的竞争是孩子进步的动力，能够驱使他们不断克服困难，追求更高的目标。

有些孩子表现得无欲无求，是因为心理承受能力比较低。他们害怕面对失败和挫折，担心给自己立下的目标最后没有完成，会让自己和父母失望，所以干脆不参加任何竞争。

对孩子来说，合理的竞争非常重要。孩子可以在合理的竞争中看清自己和别人的优缺点，查缺补漏，取他人之长补自己之短，从而不断地进步。孩子有了进取心，能够给今后的学习增添更大的动力，让他们做任何事情都能保持激情，提高效率。作为父母，我们可以通过夸奖培养孩子合理健康的竞争意识。

听听孩子的心里话

如果下面的话语是爸爸妈妈夸奖你主动参与竞争，你希望听到哪些话呢？（　）

①宝贝，这次你报名了作文比赛，相信你一定对自己很有信心。

②宝贝，你敢参加演讲比赛，爸爸真的很佩服你。

③爸爸看到你冲过终点的那一瞬间，特别激动，宝贝太棒了！

④宝贝，结果不重要，重要的是你敢于参加这次比赛。

⑤宝贝，能够迎难而上，即使最后没有获胜，我也为你感到骄傲。

做有强大执行力的人

冬冬每次制订计划时都安排得好好的，一到要付诸行动的时候，他就不上心，经常找各种借口拖延。面对冬冬缺乏执行力这个问题，爸爸妈妈可没少动脑筋，经常苦口婆心地对他说：“宝贝，你做事能不能说到做到，把想做的事情真正去做好。”冬冬总是一副心不在焉的样子，说：“我会做的，我在做呀……”

为了帮助冬冬成为一个有执行力的人，爸爸妈妈决定让冬冬参与学校组织的夏令营活动。一到活动目的地，教官就宣布了夏令营的课程内容，冬冬听完心里就直打鼓，因为他担心自己不能顺利结业。

早上起床只有五分钟时间，冬冬第一天就被教官点了名；上训练课时，冬冬总是因为不听指令而被教官点名……

前半个月的训练结束了，针对冬冬身上存在的问题，带队教官找到了他，说：“冬冬，这半个月以来，你从刚开始什么都不合格到现在基本都能合格，进步非常大，继续保持，我相信你在夏令营结业的时候，一定会成为一个有强大执行力的人。”听了教官的话，冬冬半信半疑，他问教官：“教官，真的吗？我能顺利结业吗？”教官微笑着点点头。后半个月的训练，教官明显发现冬冬比前半个月的进步更快，所有的训练课程，他都能配合指令并迅速完成，甚至还会主动去完成将要训练的内容。

夏令营结束的时候，冬冬果然各项考核全部合格，特别是行动力，与之前的他完全判若两人。

阅读感悟

缺乏执行力的冬冬，在参与了学校组织的暑期夏令营后变得特别有行动力，这是因为带队教官找到了冬冬身上存在的问题的根本原因，并用赞赏的语言去激发冬冬达成目标的内在驱动力。生活中，如果想让孩子成为一个具有强大执行力的人，父母就应该引导孩子明确学习目标，或者激发他们主动完成任务的内在动力。

夸出强大执行力

下午放学，爸爸来学校接璐璐。刚到学校门口，璐璐所在的班级就走出来了，爸爸朝璐璐招了招手，璐璐立马就看到了爸爸。

爸爸，我的同桌说他每天都是班级的榜样，因为他每天早上都没迟到。

你不喜欢他这样说吗？

是的，早上不迟到有什么了不起的，我也能做到。

我觉得你说得对，这个“班级榜样”并没有那么难拿到，你想试试吗？

我明天就早早起床，绝不迟到。

有志气！爸爸支持你。

宝贝，你说到做到，真棒！

谢谢爸爸！

今天我们班来得最早的同学是璐璐……

我要做个不迟到的好孩子！

宝贝，你的执行力太强了，爸爸都自愧不如。

作业总是往后拖，直到很晚才完成；父母交代的力所能及的小任务也从来不会立刻去做。孩子的执行力弱，可能与他们没有明确的计划或目标有关。孩子如果缺乏方向感，不知道自己想要追求什么，那么就很难激发出执行力。如果某件事情不能引起孩子足够的兴趣，那么他们可能会对这件事情行动力不足。另外，做某件事情时，如果孩子缺乏积极的反馈，也可能会降低他们的行动意愿。

作为父母，如果想要孩子去完成任务或达成目标，不如从现在起将命令式的语气转为鼓动式，唤起孩子的表现欲望，让他们真正有兴趣、有动力主动完成一件事情。一旦孩子“被迫完成”的心理压力减少了，执行力便会逐渐提高。

听听孩子的心里话

如果下面的话语是爸爸妈妈夸奖你有执行力的，你希望听到哪些话呢？（　）

①学校老师布置的任务，你是第一个完成打卡的，值得表扬哦！

②宝贝，你的效率也太高了吧？让你整理房间，你这么快就完成了。

③时间一到立刻就行动起来了，你真是个执行力超强的宝贝！

④你说的事情总能做到，说明你有超强的执行力，爸爸必须表扬你。